浙江省重点创新团队“现代服务业创新团队”研究成果

浙江省哲学社会科学研究基地“浙江省现代服务业研究中心”研究成果

浙江省“十二五”重点学科“应用经济学”研究成果

浙江树人大学著作出版基金资助成果

服务业与服务贸易论丛

RESEARCH ON
LOW-CARBONIZATION OPERATION MECHANISM
OF LOGISTICS SERVICE

物流服务低碳化运营机制研究

段向云◎著

ZHEJIANG UNIVERSITY PRESS
浙江大学出版社

目　录

第1章 导 言

1.1 研究背景

1.1.1 全球气候变暖严重，温室气体排放被指为元凶

气候变暖已成为全球共同关注的严峻问题，进入工业社会以来，由于人类大规模开发利用自然资源，导致生态环境恶化、资源枯竭和全球气候变暖，人类已经领教了气候变暖对生存、生活的严重冲击。气候变暖会带来一系列生态灾难，首先，气候变暖使海洋变暖、海水出现热膨胀，从而造成海平面上升，海平面上升带来的直接危害是低地被淹，这将直接威胁到沿海和海岛国家的生存与发展；其次，随着气候变暖，地球南北极冰川面积正在萎缩，冰川冻土的融化会使封存的甲烷等温室气体释放到空气中，增加大气中的含碳量并进一步增强地球的温室效应；再次，气候变暖严重威胁着地球生物的健康繁衍生长，高温引发各种呼吸系统疾病，还为疾病的传播提供了更为有利的条件，这样不仅影响了人体健康，而且加速了一些物种的灭绝。此外，气候变暖还会导致极端天气频现，许多国家已经和正在经历着暖冬，洪水、台风等极端气候显著增加，暴风雪、寒流、沙尘等也接踵而来，人类不得不面临南北半球冰火两重天的考验。英国 2006 年冬季的平均温度高达 12.6 摄氏度，华盛顿 2007 年 1 月 6 日白天的最高气温达 21 摄氏度，德国汉诺威野生动物园的熊迟迟不能冬眠，阿尔卑斯山遭遇了 1300 年不遇的暖冬，2007 年我国黑龙江经

历了 56 年来的最大降雪量,1950 年以来全球共发生了 14 次厄尔尼诺事件,直接导致了中、东太平洋及南美太平洋沿岸国家异常多雨,甚至引起洪涝灾害,仅 1998 年的洪灾就淹没了孟加拉国三分之二的国土,还漫延了我国 29 个省、自治区、直辖市,仅我国的经济损失就高达 1600 多亿元人民币。气候变暖对人类的影响越来越真实地展现在人类面前,减缓气候变暖的速度已刻不容缓。

早在 1896 年,瑞典物理化学家 Arrhenius 就提出化石燃料燃烧将会增加大气中二氧化碳的浓度,从而导致全球变暖的警告。但是这个警告并未引起人们足够的重视,直到 20 世纪 50 年代后期,科学界才开始注意并研究全球气候变化与温室气体的关系。20 世纪 90 年代初各国科学界、工业界和政府不得不痛苦地承认:人类向大气中排放温室气体是导致全球温暖化的主要因素。联合国政府间气候变化专门委员会(IPCC)作为全球最权威的气候变化评估机构,基于已经过同行评议和已出版的科学技术文献,自 1990 年以来定期对气候变化的现状进行了四次评估,四次评估报告越来越明确地以毫无争议的事实证明全球气候变暖的现象,并且指出人为活动影响了全球气候变化。在四次全球气候评估报告中,2001 年的第二次评估报告,认为近 50 年的气候变暖主要是人类使用化石燃料排放大量的二氧化碳等温室气体造成了全球的增温效应;2007 年的第四次评估报告就气候变化问题给出了明确的信息,指出气候系统变暖是毋庸置疑的,地球确实越来越热,全球变暖将持续数百年,目前已观测到的全球平均温度的升高很可能是由于观测到的人为温室气体增加所致。越来越多的研究表明:全球性气候变暖是气候周期性波动和人类活动引起温室效应共同作用的结果,温室气体排放是全球气候变暖的主要因素。而在各种温室气体中,二氧化碳是最重要的一种,约占总量的三分之二以上,不仅所占比重较大,而且存活时间较长,在大气中的寿命为 50 至 200 年,二氧化碳气体具有吸热和隔热的功能,在大气中二氧化碳增多的结果是形成一种无形的玻璃罩,使太阳辐射到地球上的热量无法向外层空间扩散,从而改变大气的热平衡,进而使地球表面变得越来越热。全球气候变化给经济社会的可持续发展带来的严重挑战,深度触及了农业和粮食安全、能源安全、生态安全、水资源安全以及公共卫生安全。由于温室效应加强所带来全球变暖的各种影响的持续性、不可逆转性,国际社会已将气候变化列为全球十大环境问题之首,同时减缓气候变暖、减少二氧化碳等温室气体排放量也被列入了议事日程。

1.1.2 国际社会积极践行和推进温室气体减排

自1962年蕾切尔·卡森发表《寂静的春天》一书拉开环保运动的序幕以来,国际社会不仅成立了许多环保组织、签署了许多环境公约,而且以实际行动积极参与温室气体减排。1972年联合国大会设置了环境规划署以统筹国际环境问题,1983年联合国成立了世界发展委员会,1995年又成立了世界可持续发展工商理事会,以推进环保运动。从环境公约来看,《关于环境与发展的里约宣言》里已提到为了保护环境,各国应按照本国的能力广泛实施预防措施;《联合国气候变化框架公约》确定的"最终目标"是把大气中的温室气体浓度稳定在不对气候系统造成危害的安全水平,目前已有191个国家批准了公约,缔约方每年都召开大会。由于缔约方政府在制定环境协议的过程中只做出了模糊的承诺,且执行的力度也不够,使得公约的法律实施和执行存在着诸多问题;具有法定约束力的《京都议定书》对温室气体排放量进行管制,规定了41个发达国家对控制导致全球气候变暖的温室气体排放的法定义务,还首次规定了具有法律约束力的减少温室气体排放的具体目标和时间表。《京都议定书》被公认为是应对全球气候变化的重要里程碑,是第一个具有法律约束力的旨在防止全球变暖而要求减少温室气体排放的条约。从《联合国气候变化框架公约》到《京都议定书》,无不表明国际社会对全球气候变暖的认识在日益加深。

就具体行动来看,为了履行《京都议定书》等应对气候变化国际条约的规定,发达国家率先开始发展低碳经济,强调在经济发展的同时促进节能减排。欧盟各国积极响应欧盟能源气候一揽子计划。英国是全球最早提出"低碳经济"的国家。2003年英国在颁布的能源白皮书《我们能源的未来——创建低碳经济》中,正式提出将实现低碳经济作为英国能源战略的首要目标,通过开征气候变化税、成立碳基金、实施可再生能源配额政策和排放贸易制度,争取在"减排量分担协议"之外再减排4.5%。瑞典大力推行"环保车计划",并率先在世界上将环保概念引入驾驶执照考试中,成为全球首个实行考驾照先学环保驾车的国家。德国将环保技术产业确定为新的主导产业进行重点培育,通过"高技术战略"为气候保护提供资金支持,对油、气、电等产品分阶段征收生态税以提高能源使用效率和促进节约资源,政府还通过《可再生能源法》以保证可再生能源的地位,使可再生能源得到了迅速发展。为了支持可再生能源的发展,意大利政府实施了 CIP6 机制,还通过立法的形式实行"绿色证书"制度和"白色证书"制度,鼓励减少能源消耗。丹麦则在全球率先建成了绿色能源模式,成为世界低碳经济的发展典范。在世界其他地区,日本制定了《低碳社会行动计划》,并将低碳社会作为未来的发展方向和政府的长远发展目标,加快开发可再生能源和清洁技术,提出重启太阳能鼓励政策,首次将扶植光伏产业列入新经济刺激计划,同时积极普及电动汽车或混合动力车。美国通过了《低碳经济法案》,强调发展新能源、减少温室气体的排放和减少对海外石油的依赖,同时加大对国内发展低碳经济的补贴和投资、建立碳排放与交易市场、在建筑行业强制要求建设更加节能的房屋、积极发展太阳能和风能技术等,同时美国早在 1990 年通过的《清洁空气法》中就鼓励发展清洁燃料的汽车,制定了更加严格的尾气排放标准,并在其到 2025 年的《国家运输科技发展战略》中明确指出,建立安全、高效、充足和环境友善的运输系统。作为全球最大的两个污染国,中国和美国耗煤量合计占全球总耗煤量的逾 40%,两国起草了包含五个部分的碳减排计划。两国表示将开展大规模综合性项目,捕捉煤燃烧产生的碳排放,努力制定更为严格的燃油效率标准,开发更清洁的燃油和车辆排放控制技术,承诺将提高重型车辆的燃油效率,并采取更多措施限制燃煤电厂的产出。

我国通过制定国家方案,努力建设资源节约型、环境友好型社会,从国情出发采取了节能减排等一系列政策措施,提高在减缓与适应气候变化方面的能力,提出大力发展新能源技术、提高能效、开发替代能源,并明确了到 2010 年中国应对气候变化的具体目标、基本原则、重点领域及其政策措施,为减缓全球气候变化做出积极的贡献。1992 年联合国环境与发展大会后,我国率先制定了《中国 21 世纪议程——中国 21 世纪人口、环境与发展白皮书》,2004 年公布了《节能中长期规划》,2005 年颁布了《可再生能源法》,同年还与美国、日本等六国发表了《亚太清洁发展和气候新伙伴计划意向宣言》,与欧盟共同发表了《中国和欧盟气候变化联合宣言》,2007 年国家发改委通过了《可再生资源中长期发展规划》,2008 年国务院发表《中国应对气候变化的政策与行动》的白皮书。此外,继胡锦涛同志 2007 年在亚太经合组织第十五次领导人会议上首次明确提出发展低碳经济,随之低碳经济研究所、低碳经济实践区以及碳交易平台相继成立。2008 年年初,清华大学在国内率先成立低碳经济研究所,同年 11 月,上海市建立了南汇区临港新城、崇明岛低碳经济实践区,还将世博园区作为低碳经济发展的重点探索区;河北保定积极实施"中国电谷"和"太阳能之城"的建设工程,倾力打造我国首个低碳城市。北京环境能源交易所、上海环境能源交易所和天津碳排放交易所成立,类似的碳交易平台也在紧张筹备中。2013 年国内唯一的碳市场——深圳排放权交易所,已开始了试验性交易,开市首日达成了两宗交易,价格分别是每吨 28 元人民币和每吨 30 元人民币,但到目前为止这些项目中还不提供期货定价机制。随着中国以市场机制推进污染减排,今后两年其他几个试点项目也将相继启动,拟在两年内启动总共八个地方交易平台,这些交易平台旨在帮助政府在 2015 年决定是否要建定全国性碳交易市场。

1.1.3 物流企业节能减排是我国碳减排的关键

随着经济的快速增长,我国的碳排放量日益增加。从绝对值来看,世界银行统计我国 2005 年二氧化碳的排放量为 5547.8 百万吨,略低于美国的 5776.4 百万吨,是世界第二大碳排放国;从二氧化碳排放量年均增速来看,1970 年至 1990 年二十年间,我国二氧化碳的排放量年均增速为 0.2%,1990 年后我国二氧化碳排放量以年均 4.6%的速度增长。既要保持经济的快速增长,又要建设环境友好型社会,我国面临着严峻的二氧化碳减排压力。虽然碳排放总量和增长速度高,但由于我国人口基数较大,人均温室气体排放量要远远小于发达国家。根据《联合国气候变化框架公约》和《京都议定书》的有关规定,我国没有义务减少或限制温室气体排放,但允许发展中国家与发达国家合作来完成发达国家消减排放的承诺。作为发展中国家,我国可以参与以项目为基础的碳排放交易,具体来说,由发达国家提供项目所需的资金和技术,通过项目所实现的核证减排量来履行发达国家所承诺的减少本国温室气体排放量的义务。尽管国际社会目前没有具体规定发展中国家的减排义务,但并不意味着未来不面临控制温室气体减排的要求与压力，我国作为一个负责任的发展中国家，已经从国情出发采取了一系列的政策措施，把节约资源和保护环境作为一项基本国策，通过调整产业结构、转变增长方式和消费模式以促进低碳化发展。

物流业是连接生产和消费的重要桥梁纽带，对制造业、商业形成重要的支撑，但是随着物流量的增加，物流系统对生态环境的影响越来越明显，物流各环节的碳排放量也越来越大。众所周知，物流企业是一个能源消耗大户，对能源的依赖性很强，我国的物流需求随着经济的快速发展而急剧上升，物流企业的能源消耗量与经济增长速度、物流规模扩张也呈正相关变化。物流企业对石油化石能源的依赖性与日俱增，但由于人类大规模地对化石能源进行开发和利用仍然处于初级阶段，技术手段和生产方式较为落后，加之石油能源消耗具有外部不经济性，使物流企业对环境产生非常大的影响。根据国家统计局公布的能源分行业消费数据来看，近十年来我国物流业能源消耗量占全行业能源消耗量的比重均在7%上下波动，高能源消耗必然带来高碳等温室气体排放，仅2004年至2008年五年间，物流能源消耗量就从2004年的15104万吨标准煤上升至2008年的22088万吨标准煤，增速达46.24%①，年均增长速度为9.25%，而同期物流企业增加值年均增长速度为13.86%②，能耗增速仅略低于产值增速的4.61%。具体到能源品种，我国物流企业是名副其实的“油老虎”大户，能源消耗以油料非再生能源为主，是仅次于制造企业的第二大油品消费部门，近五年物流油料消耗量占物流能源消耗量的比重在60%③高位上下波动，油料消耗又以柴油和汽油高污染型能源为主，

---

① 根据中国统计年鉴相关年度对交通运输、仓储和邮政业的能源消耗量数据整理计算。

② 根据中国国家发改委、国家统计局、中国物流与采购联合会公布的物流增加值同比增长统计数据整理计算。

③ 通过整理中国统计年鉴相关年度对交通运输、仓储和邮政业的原油、汽油、煤油、柴油、燃料油消耗量与能源消耗总量数据，求两者的比率计算物流油料消耗量占物流能源消耗量的比重。

柴油和汽油消耗量占全国柴油和汽油消耗量的比例均高达50%①以上。高污染能源消耗势必高温室气体和大气污染排放,我国物流企业高油品消耗量和气体排放量使物流企业必然成为节能减排的关键点。

1.2 选题意义与目的

1.2.1 研究意义

低碳理念被提出至今,包括低碳经济等理论的相关研究正在逐步开展,但明确针对物流企业的研究工作进行得并不十分充分。物流服务低碳化发展的影响机理和运营机制的研究,不仅丰富了绿色物流理论,而且对促进我国经济的可持续发展以及生态环境的保护具有重要的现实意义。

(1)理论意义

①实证探讨了实施低碳物流的控制要素与关键环节

低碳物流是在低碳经济背景下产生的一种综合考虑环境影响和资源消耗的现代物流模式,它以崭新的思维方式从理论上研究物流系统如何节能减排才能保持与自然生态系统的协调发展,是低碳理念下物流科学、环境科学和管理科学深层次交叉而形成的国际重要科学前沿问题。传统的物流形式是以自然资源的高投入、高消耗、高排放为特征的短期粗放型经济行为,以牺牲环境价值来换取社会经济价值,消耗大量的不可再生资源,引起环境恶化和生态系统失衡,严重制约了社会和经济的持续发展,甚至直接威胁到人类的生存。低碳物流是一种资源节约型和综合利用型的生产方式,它将可持续发展思想融入物流管理活动中,强调物流系统效率、企业经济利益与生态环境利益的协调与平衡,是现代物流发展的必然趋势。从发展目标来看,低碳物流是实现低能源、低污染、低排放的环境友好型物流方式,其核心理念与绿色物流理论不谋

---

① 通过整理中国统计年鉴相关年度对交通运输、仓储和邮政业的汽油、柴油消耗量与全国汽油、柴油总消耗量数据,求两者的比率计算物流业汽油、柴油消耗量占全国汽油、柴油消耗量的比重。

而合。

本书从行业和企业两个角度考察物流服务。行业的考察根据官方公布的统计数据，测算了物流服务的碳排放量，对物流服务碳排放现状做出了初步的定位，从而为低碳物流的研究提供依据和翔实的背景资料；企业角度的研究主要运用调查问卷，对物流企业的走访、电话访问等方式获得第一手资料，结合统计方法反映物流企业碳排放状况；同时采用理论与实证相结合的方法来研究物流服务高碳排放的原因以及低碳化发展的影响机理，从理论上揭示了物流服务低碳化发展的关键环节与控制要素，为物流服务的低碳化发展提供指导，从而有助于物流系统与生态环境之间冲突问题的解决。

②系统化建设了低碳运营体系

发展低碳经济已经成为世界性的潮流，能源紧缺、碳排放高速增长、环境污染和气候变暖趋势加剧，诸多问题迫使众多国家把节能减排作为经济发展过程中的考虑重点，应对气候危机，推进低碳经济，将低碳经济的发展作为协调、保护全球气候和促进本国经济发展的一个根本途径。我国是世界上经济发展最快的国家之一，能源消费量大、环境承载容量小，发展低碳经济是缓解我国面临的温室气体减排压力和保护资源环境压力、推进生态文明建设的必然选择。在当前物流需求快速增长的前提下，低碳物流是实现节能减排、发展低碳经济的重要组成部分。

本书结合物流企业的运营现状，系统性地研究了物流企业低碳化发展的运营机制，包括低碳发展的动力机制、传导机制、实现机制、促进机制以及约束保障机制等，从供给和需求层面双向探讨了技术性、结构性和制度性的综合减碳路径，同时还指出了低碳的基础支撑系统、社会引导系统以及表现形式等，为物流企业实现低碳化发展提供具有长远竞争优势的解决方案，对推进低碳经济的发展具有重要的借鉴意义。

(2)现实意义

作为一种先进物流理念，低碳物流研究的最终目的是要在物流企业得到应用和实施，使物流企业不仅取得经济效益，而且取得环境效益。探讨我国物流企业低碳化发展影响机理与运营机制的现实意义具体体现如下：

①有助于环境友好型社会的建立

环境友好型社会是一种人与自然和谐共生的社会形态，强调生产和消费活动对于自然生态环境的影响,要求生产和生活强度规范在生态环境的承载能力范围之内,通过分析代谢废物流的产生和排放机理与途径,对生产和消费全过程进行有效监控,并采取多种措施降低污染产生量、实现污染无害化,最终降低社会经济系统对生态环境系统的不利影响。早在 2009 年中央经济工作会议就已经提出发展战略性产业,推进节能减排,开展低碳经济试点,加强生态保护和环境治理,以加快建设资源节约型、环境友好型社会。

列入国家十大振兴规划的物流业,在低碳经济背景下必须积极应对生产和发展所提出的时代要求,其中通过运输、包装、配送等业务方式实现其经营目标的物流企业,能源消耗量大,对环境产生较大的污染。物流企业存在众多迫切需要解决的问题,如空驶率高、重复运输、交错运输、无效运输等不合理运输现象较为普遍,各种运输方式衔接不畅,造成能耗的增加和浪费,高能耗、高污染物排放使物流企业成为碳减排政策实施的重点。建设“资源节约型、环境友好型”社会、发展低碳经济,减少物流企业的资源消耗和污染排放,实现低碳物流无疑是其内在需要,通过走低碳发展的道路,以协调经济发展与环境保护两者的关系。

②避免国际物流市场的绿色壁垒

随着低碳经济的发展,必将导致以低碳为代表的新技术、新标准的出现,最先开发并掌握相关技术的国家将成为新的领先者和主导者,而其他国家将面临着新的贸易壁垒。低碳经济不仅推动了世界竞争新规则的产生,而且导致国际经济格局出现新变化。低碳经济为世界经济发展和能源利用带来新的机遇,发达国家早已完成工业化,碳排放量呈下降趋势,在节能减排技术上拥有绝对领先优势,而发展中国家经济发展的要求以及对发达国家高碳产业的承接,使得发展中国家的碳排放量处于上升趋势,从而在碳交易和谈判中处于不利地位。我国物流企业由于自身的发展水平和阶段,未来同样会面临着国际物流市场的绿色壁垒。

国际社会广泛呼吁发展低碳经济的同时,正在酝酿对高能耗产品和服务进口征收碳关税,碳关税的征收不仅会直接卡住外贸物流的咽喉,而且会顺着供应链传导到国内物流业,成为制约物流企业发展的紧箍咒。目前欧盟已规定从 2012 年开始,只要降落在欧盟区域的国际航空必须遵守总量控制和交易制度,向所有进出欧盟机场的航空公司征收碳排放费用，美国、法国等已相继将碳关税制度提上日程，新的物流壁垒正在形成。本书的研究主题有助于我国物流企业未雨绸缪避免国际物流市场的贸易保护壁垒。

③提升物流企业的竞争力

物流企业实现低碳化发展将提升企业形象、提高企业的竞争力。企业竞争力是在竞争性市场环境下，企业通过培育自身资源和能力，获取外部资源，在为顾客创造价值的基础上，实现自身价值的综合性能力。企业的竞争力包括三个层次，分别为产品层、制度层和核心层，其中核心层包括企业文化、企业形象等，而产品层是表层的竞争力，制度层是支持平台的竞争力，而第三层核心层是最核心的竞争力。在低碳经济背景下，低碳化物流是必然趋势，也会极大地提升物流企业的形象，从而提升物流企业的竞争力。

随着低碳经济的推进，客户对低碳的需求会越来越多，要求也会越来越高，国际大型企业会因低碳因素而选择高端的低碳物流企业作为长期的合作伙伴，外贸企业会把物流企业的无纸化办公作业等环保业务能力作为考量标准，消费者也会优先选择低碳物流消费。物流企业要提升竞争力，低碳发展是必然趋势。物流业低碳化发展运营机制的研究，为物流企业实现低碳化发展以提升竞争力具有重要的指导意义。

1.2.2 研究目的

物流企业的低碳化发展不仅仅是一个技术问题，也是一个管理问题。低碳物流的发展需要回答一系列科学问题，如物流服务高碳排放的原因是什么，影响物流服务高碳排放的因素有哪些，影响因素如何影响碳排放以及影响程度如何，物流服务低碳发展的运营机制有哪些，等等。本书的研究工作正是基于上述科学问题，根据对已有文献的研究，主要针对物流服务低碳发展的影响机理和运营机制展开研究，为物流企业的低碳发展提供指导。

本书的研究目的在于解决如下问题：(1)从行业和企业角度探究物流服务的碳排放状况，初步了解物流服务的碳排放状况和特征；(2)在分析物流服务高碳排放的原因、影响因素的基础上，探析物流服务低碳运营的影响机理；(3)基于影响机理和物流服务低碳运营面临的主要问题，探索出物流服务的低碳运营机制;(4)通过对比物流服务低碳化发展的条件和低碳自运行现状,提出相应的低碳化发展路径与对策。

1.3 本书的研究内容与逻辑框架

1.3.1 本书的研究内容

本研究主要围绕物流服务的低碳化发展展开研究,在界定低碳物流的概念和本质的基础上,分别从行业和企业的角度考察了物流服务状况,行业的研究主要根据我国物流服务的历年能源消耗量测算出物流服务的碳排放量,首先对我国物流服务的碳排放现状做了一个简要的回顾,企业的考察主要借助调查问卷获得一手资料反映;其次采用迪氏对数指标(LMDI)分解法,建立物流服务行业高碳排放分析模型,根据各影响效应变动情况来分解和识别物流服务高碳排放的原因;再次基于高碳排放的原因总结出物流服务行业高碳排放的主要影响因素,通过构建通径分析模型研究了物流服务高碳排放的影响机理;继而借助企业调查数据,运用逐步回归分析法研究了企业中物流服务碳排放的影响因素与路径;最后根据物流企业自身发展状况,在分析物流企业运营现状的基础上,通过对比物流企业运营现状与企业低碳运营的条件和要求的基础上,探讨了物流服务低碳化发展存在的主要问题,据此提出物流企业低碳化发展的运营机制。

本书的研究内容主要包括:(1)准确把握物流服务的碳排放现状;(2)探讨物流服务高碳排放的原因;(3)分析物流服务高碳排放的影响机理;(4)探索物流服务的低碳发展的运营机制;(5)研究物流服务低碳发展路径与对策。具体布局如下:

第一部分物流服务的碳排放现状与特征。从行业和企业两个角度考察。行业的研究,首先收集我国物流企业历年能源消耗数据,根据各种能源的碳排放系数,估算出物流服务的碳排放量。在对物流服务历年碳排放量简要回顾的基础上,对物流服务碳排放量与增长时序数据进行拟合,根据拟合曲线和回归分析结果,运用 EKC 模型研究物流服务的碳排放现状与特征。企业的考察，主要借助调查问卷获得第一手资料反映。

第二部分物流服务高碳排放的原因。侧重于行业的考察，借鉴学者对我国经济碳排放原因的分析思路与研究成果，采用迪氏对数指标（LMDI）分解法，从物流企业的生产规模、生产结构、能源结构、能源效率和碳排放强度五个方面构建物流服务高碳排放的分解模型，分别考察物流企业由于生产规模扩大或缩小产生的生产效应、由生产结构调整导致碳排放变化的生产结构效应、能源结构变化引起碳排放变化的能源结构效应、能源效率提高或降低产生的能源效率效应以及碳排放强度变化而引起的强度效应，根据各个效应的变化趋势探讨物流服务高碳排放的原因。

第三部分物流服务高碳排放的影响机理。行业的考察基于高碳排放的原因研究，总结出物流服务高碳排放的主要影响因素，提出研究假设，通过构建通径分析模型，检验研究假设，并分别测算各影响因素与物流服务碳排放的影响系数，根据影响系数确定其直接影响程度、间接影响程度以及总影响程度，据此研究影响机理。企业的考察在总结学者的研究和企业访谈基础上，提出研究和设计调查问卷，借助问卷获得的第一手资料，运用逐步回归分析法研究物流服务的影响要素和影响程度。

第四部分物流服务低碳发展的运营机制。首先对比了物流企业低碳运营的条件与其目前的运营状况，在对比的基础上探讨物流服务低碳运营存在的主要问题，进而研究低碳物流的运营机制。

第五部分物流服务低碳化发展的路径与策略。针对物流服务的现实运营状况，分别从源头上、运营中和末端上提出了物流服务的低碳化发展路径，并从企业自身现实情况出发，从传导机制角度提出了物流服务实现低碳化发展的对策。

1.3.2 本书的逻辑框架

根据本书的研究内容，其逻辑框架如图 1-1 所示。

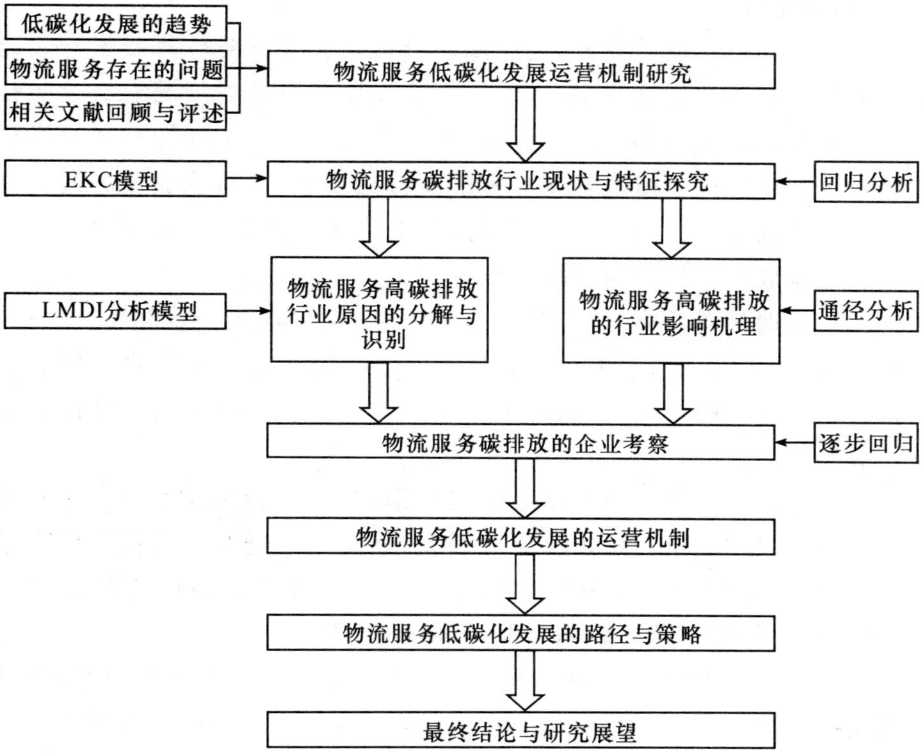

图 1-1 本书研究的逻辑框架

资料来源:作者整理。

1.4 本书的研究方法与技术路线

1.4.1 本书的研究方法

本书使用了规范研究与实证研究相结合的研究方法。

(1)规范研究

以现有研究成果为基础,通过对文献的研究、归纳和推理,并加以总结、消化和吸收,构建了本书的基本研究框架。

(2)量化实证研究

①基于初步获取的数据,运用回归分析对物流服务碳排放量与物流企业的增长时序数据进行拟合,以探析物流服务总体发展与二氧化碳排放之间的相依关系和演变态势。根据回归分析结果,判断拟合曲线形状,并借助 EKC 模型研究物流服务的碳排放现状,考察物流服务的发展状况是否达到库兹涅茨曲线的阈值点以及未来发展趋势,从而研究物流服务的碳排放行业现状与特征。

②采用迪氏对数指标(LMDI)分解法,分别从物流企业的生产规模、生产结构、能源结构、能源效率和碳排放强度五个方面构建物流服务高碳排放的行业分解模型,根据各个影响效应的变化趋势探讨物流服务高碳排放的原因。

③在总结物流服务高碳排放的主要影响因素的基础上,根据各影响因素与碳排放的逻辑关系提出研究假设,通过构建通径分析模型检验了研究假设,并分别测算了各影响因素与物流服务碳排放的直接影响程度、间接影响程度以及总影响程度,据此研究影响机理。

④通过文献梳理和企业调研,提出研究假设和设计调查问卷,借助问卷获得的第一手资料反映企业物流服务的碳排放状况,运用逐步回归分析法挖掘物流服务中低碳投入和低碳运营的影响要素和影响程度。

1.4.2 技术路线

低碳物流研究主题的确定根源于对现实问题的关注,低碳经济提出后,各类企业都面临着如何节能减排、减少碳排放的现实问题,但是又缺乏相关理论的指导,企业在困顿中摸索前行。物流企业是其中一个突出代表,作为高能耗企业,物流企业面临着较大的碳减排压力,但是指导物流企业低碳化发展的理论相对滞后于实践,在收集资料和对文献阅读的基础上,初步将物流服务低碳化发展作为研究主题;在详细阅读低碳经济和绿色物流相关文献时,通过对现有相关文献的综述与评估,发现低碳物流的实现,研究物流服务高碳排放的影响机理和低碳运营机制具有重要的理论和实践意义,因此确定研究的题目。确定研究框架后,分别从行业和企业角度考察了物流服务,行业研究通过收集物流服务能源消耗量等基础数据,系统比较了各种研究方法的优劣,最后选择了回归分析法、EKC模型、因素分解法以及通径分析等研究方法，分别探究了物流服务的碳排放现状、分解和识别了物流服务高碳排放的原因、分析了物流服务碳排放的影响机理等，企业的考察通过调查问卷获得第一手资料，运用逐步回归分析法挖掘物流服务中低碳投入和低碳运营的影响要素和影响程度，在以上实证分析的基础上，考察了美国、日本和德国的低碳物流经验，借鉴其有益的经验，继而通过深入把握物流企业的运营现状和对现状与低碳要求的对比，系统地研究了物流服务低碳运营机制，最后又分析了物流服务低碳化发展的路径与策略。本书研究的技术路线，具体如图1-2所示：

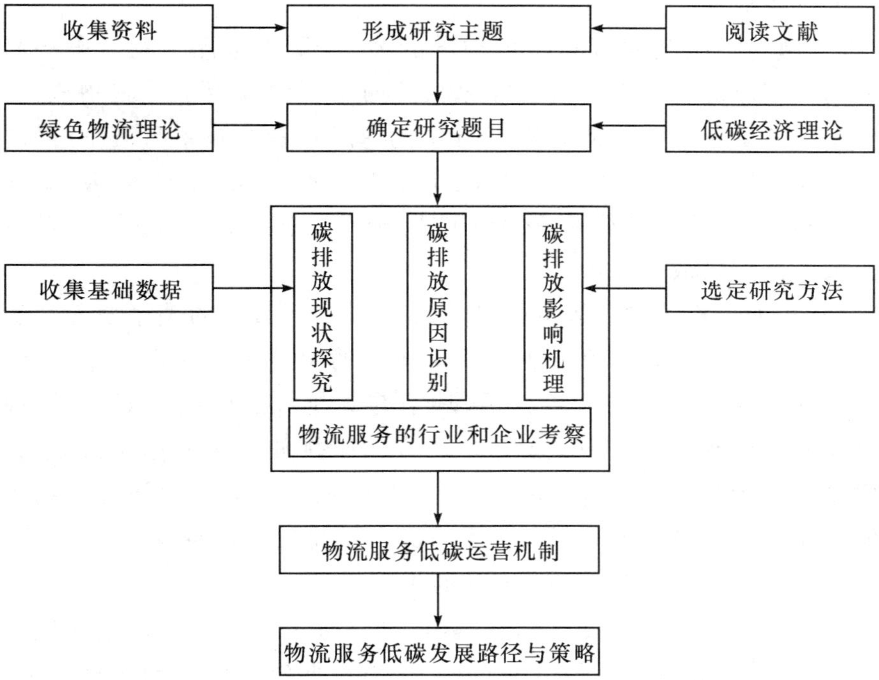

图1-2　本书研究的技术路线

资料来源：作者整理。

1.5 本书的创新点

本书的创新点主要有：

(1)将EKC模型用于研究企业发展与环境污染之间的关系，扩展了EKC模型的应用范围。传统研究将EKC模型用于分析某国家或地区经济发展与环境污染之间的关系，本研究创新性地尝试用EKC模型探析物流企业发展与二氧化碳排放之间的相依关系和演变态势，以研究物流服务的碳排放现状与特征。

(2)厘清了低碳物流与绿色物流的关系，量化考评了物流服务高碳排放的原因。综合低碳经济和绿色物流两个概念界定了低碳物流，在界定概念的基础上探讨了低碳物流与绿色物流两者的联系与区别，同时结合物流企业的运营现状，根据物流企业的生产规模、生产结构、能源结构、能源效率和碳排放强度等各影响因子对碳排放的影响效应，考察了物流服务高碳排放的原因。

(3)实证分析了物流服务低碳化发展影响要素间的关系及其对碳排放的影响程度。在总结物流服务高碳排放的主要影响因素的基础上，根据物流服务碳污染物的产生根源、环节与碳排放之间的逻辑关系，提出了物流服务低碳化发展的主要影响因素与碳排放之间的理论假设，通过构建路径分析模型检验假设的正确性，并根据影响效应值研究了物流服务低碳化发展各影响要素间的关系及其对碳排放的影响程度。

(4)在明确物流服务低碳运营的根本动力、主导因素和表现形式的基础上，探索了物流服务的低碳运营机制。基于物流企业低碳化发展的条件、运营现状和自运行障碍的对比，提出了低碳运营机制的理论框架，并切合实际地从物流企业低碳运营机制中的传导机制角度提出了物流服务低碳运营的策略。

第 2 章　文献综述

2.1　低碳物流的基本定义

2.1.1　低碳物流的含义与特征

低碳物流是低碳理念提出后产生的新概念，目前国内外对低碳物流还鲜有研究，因此尚无明确的定义，本书结合低碳经济和绿色物流两个概念界定了低碳物流。

低碳经济一词最早见诸 2003 年的英国政府文件——《我们能源的未来：创建低碳经济》，之后，前世界银行首席经济学家尼古拉斯・斯特恩于 2006 年牵头做出《气候变化的经济学：斯特恩报告》，呼吁全球向低碳经济转型。虽然学者对低碳经济没有统一的概念界定，但是仍有共识之处。庄贵阳(2005，2007)是较早研究低碳经济的学者，他认为低碳经济的实质是能源效率和清洁能源结构问题，核心是能源技术创新和制度创新，目标是减缓气候变化和促进人类的可持续发展。付允等(2008)认为低碳经济是以低能耗、低污染、低排放和高效能、高效率、高效益(三低三高)为基础，以低碳发展为发展方向，以节能减排为发展方式，以碳中和技术为发展方法的绿色经济发展模式。鲍健强等(2008)认为低碳经济是经济发展方式、能源消费方式、人类生活方式的一次新变革，它将全方位地改造建立在化石燃料(能源)基础之上的现代工业文明转向生态经济和生态文明。张坤民(2008)把低碳经济定义为是以低能耗、低污染、低排放为基础的经济模式,实质是高能源利用效率和清洁能源结构问题,核心是能源技术创新、制度创新和人类生存发展观念的根本性转变。谢进(2008)认为低碳经济是以能效技术、可再生能源技术和温室气体减排技术的开发和运用为核心,以市场机制、制度框架和政策措施为先导,以减少化石燃料消耗和温室气体排放为标志,以经济社会与生态环境相互和谐为目标的新型发展模式。

综合以上概念,几位学者将低碳经济界定为是避免气候发生灾难性变化、保持人类可持续发展的有效方法之一,是一种能够改善地球生态系统自我调节能力的可持续发展的新经济形态,以及是一场涉及生产模式、生活方式、价值观念和国家权益的全球能源经济革命等,同时概念还指出了实现低碳经济的基础、实质、核心、目标、发展方式以及发展方法等。

绿色物流目前尚没有统一的定义,相比影响力较大的是:学者 Wu 等(1995)和 Rodrigue 等(2001)对绿色物流的研究结论,他们认为绿色物流就是一种环境友好而有效、对环境负责的物流系统。在国内,王长琼(2002,2004)是较早对绿色物流展开研究的学者,认为绿色物流是指以降低污染物排放、减少资源消耗为目标,通过先进的物流技术和面向环境管理的理念,进行物流系统规划、控制、管理和实施的过程。以上对绿色物流的定义,指出了绿色物流的实质、途径和目标等。

借鉴低碳经济和绿色物流两个概念,本书将低碳物流定义为:低碳物流是发展低碳经济背景下,物流系统在保证经济社会健康、快速发展对物流需求的条件下,最大限度地降低二氧化碳等温室气体排放以应对气候变化的内在要求,其建立在物流行为主体物流活动减量化、物流要素合理化以及低碳技术产业化的基础上,以实现低能耗、低污染、低排放的物流发展模式。文中物流低碳化发展与低碳物流意义相同。

从低碳物流的定义来看,低碳物流包含以下特征:(1)条件性。低碳物流是按照市场经济的原则和机制来发展,在满足经济社会正常物流需求的前提下,限制能源消费型物流需求,从可持续发展角度对能源和资源的开发利用提出了新的要求。(2)技术性。低碳物流强调满足物流需求的同时要降低碳排放量,低碳物流的实现依靠能效技术和减排技术的进步,提高能源效率、改善能源结构以及碳处理,同时需要信息管理技术来优化物流要素和物流活动。(3)目标性。发展低碳物流的目标是,在满足基本物流需求的基础上,最大限度地降低二氧化碳等温室气体排放,将温室气体排放的深度保持在相对稳定的水平上,从而实现物流系统与人类、自然的和谐发展。

2.1.2　低碳物流与绿色物流的关系

作为一个物流发展模式,低碳物流和绿色物流既具有紧密相关的联系,又有区别。

低碳物流和绿色物流的联系主要体现在两者的物流行为主体、终极目标相同。物流行为主体都包括公众、政府和供应链上的全体成员,需要公众的监督与参与、政府的政策支持与法规约束,以及供应链的上、下游企业协同配合。此外,从终极目标来看,两者都注重对生态环境的保护和对资源的节约,注重经济和环境的协调发展,旨在追求经济利益、社会利益与生态环境利益的统一,从而实现人与自然的和谐、可持续发展。

两者既有联系,又有明显的区别,不同点表现在产生背景、发展方向和发展方法不同。具体来说,低碳物流是减少温室气体排放以应对气候变化、发展低碳经济背景下产生的,而绿色物流是 1987 年国际环境与开发委员会发表了名为《我们共有的未来》的研究报告后,人们关注到物流对环境的影响日益严重、物流系统与报告提出的可持续发展理念背离的背景下提出的;低碳物流的发展方向是减少二氧化碳等温室气体排放,重点在低碳,而绿色物流的发展方向更为宽泛,要求各项物流生产、消费等活动以及运输、仓储、包装等物流要素减少污染物排放,重点在绿色化;在发展方法上,低碳物流的实现需要碳中和的低碳技术支撑,相比绿色物流的实现方法包括更广,具体如表 2-1 所示:

表 2-1　低碳物流与绿色物流的异同

比较项	绿色物流	低碳物流
行为主体	公众、政府和供应链上的成员	与绿色物流相同
终极目标	经济利益与环境利益的统一	与绿色物流相同
产生背景	物流对环境的影响日益严重	发展低碳经济背景

续表

比较项	绿色物流	低碳物流
发展方向	减少污染物排放	减少二氧化碳等温室气体排放
发展方法	正向和逆向物流相结合	能效、减排等低碳技术
发展重点	绿色化	低碳

资料来源:作者整理。

综上,从发展方向和发展方法来看,低碳物流属于绿色物流的一个分支,两者的物流行为主体和终极目标相同,但产生背景、发展侧重点不同,因此发展路径和发展策略亦不同。

2.2 低碳及相关问题的研究综述

低碳狭义上指较低(更低)的温室气体(二氧化碳为主)排放,广义上它已衍生为一个具有广泛社会性的前沿经济理念,涉及广泛的产业领域和管理领域。国内外学者对低碳的研究主要围绕低碳经济展开,目前国内外学者对低碳的研究主要集中在三个方面:碳减排的经济风险和必要性分析、经济发展与碳排放的关系、碳减排对策研究等。相比,国内对低碳的研究刚刚起步,目前主要围绕低碳经济的内涵、发展低碳经济的意义以及我国发展低碳经济的途径与潜力展开。

2.2.1 碳减排的经济风险和必要性分析

尼古拉斯·斯特恩(2006)在广泛调研的基础上,从经济学的角度对气候变化进行了全新的审视,通过分析比较气候变化对自然和人类社会经济系统的预期损失与减缓气候变化的成本之间的关系,认为实现温室气体浓度稳定是一个棘手和复杂的过程,除非在发生经济萧条的情况下,是很难达到温室气体减排速度高于每年1%的目标,即使有些国家采取了显著的减排措施,温室气体的排放也会高于同期的水平,进而呼吁各国政府迅速采取切实可行的减排行动,将大气中温室气体深度稳定在500～550毫升/立方米,否则气候变化对经济增长和社会发展造成的损失和风险将相当于每年全球GDP的5%～20%。Olivier(2006)通过分析京都议定书的主要内容，认为对企业而言京都议定书既提出了一系列的限制政策，也为企业提供了诸多新机遇。英国皇家环境污染委员会(2007)发布的报告指出，城市环境是一个非常紧迫的问题，需要立刻采取行动，减少城市对环境的影响，改善人民的生活质量。梅森纳(2007)认为，人类发展低碳经济面临的挑战，不是技术上的也不是经济上的，实际是政治和体制上的。普雷斯科特(2007)指出，气候变化归根到底不仅仅是一个环境问题，而且越来越成为一个经济和财政的问题，也是一个政治问题。Svensson 等(2010)认为虽然低碳生产的动机各不相同，但无论是发达国家还是发展中国家，低碳生产的基本出发点是在保持经济收益增长和减少碳排放间寻求最优平衡。

国内学者对低碳经济的必要性也展开了广泛的研究。苏瑾等(2007)分析了低碳经济道路带来的收益，认为低碳经济具有更高的投资回报率，能够显著地增加产量、缩短生产周期、提高生产可靠性、改善产品质量、改善工作环境并鼓舞员工士气，在新增就业方面具有出色的潜力，其增长速度也大于其他经济形态。付允等(2008a)指出，中国发展低碳经济非常紧迫，其一，中国面临较大的温室气体减排的压力；其二，中国能源安全面临严重威胁；其三，我国资源超常利用，生态环境恶化。张坤民(2008)认为低碳经济既是经济问题，又是环境问题，也是社会问题，应寻求多赢方案来解决这一综合性大问题。龚建文(2009)认为低碳经济是中国实现可持续发展的必然需要和必由之路、是调整优化经济结构和转变经济发展方式的结合点和重要方向、是缓解资源约束矛盾和减轻环境污染的有效途径、是中国应对全球气候问题，担当“世界公民”责任的必然之举，同时还是中国跨越式发展的契机。冯之浚等(2009)认为发展低碳经济不仅是我国转变发展方式、调整产业结构，提高资源能源使用效率，保护生态环境的需要，也是在国际金融危机的情况下增强国内产品的国际竞争力、扩大出口以及缓解在全球温室气体排放等问题上所面临的国际压力的需要。林毓铭(2010)在分析我国产业体系的基础上，认为我国以高碳排放为基础的工业体系酿成了一系列的社会经济问题，由于经济发展方式、城市规划等问题的存在使我国从高碳经济向低碳经济的转变之路严峻而遥远。柏振忠等(2010)则系统研究了低碳世界对我国经济发展带来的影响，认为低碳世界发展对我国发展阶段、能源结构、强制性减排和锁定效应均带来了巨大的挑战，但低碳世界推动我国碳金融交易市场的形成、推进实体经济结构转型和促进低碳技术进步。

相比国外学者对碳减排的研究，在战略层面指出发展低碳经济是政治、体制上的问题，将发展低碳经济放在较高的高度进行审视，而国内学者则主要从战术层面、收益角度指出发展低碳经济是国家和企业的必然要求，也是增强国家影响力和提升企业收益的方式。

2.2.2 经济发展与碳排放的关系

对经济发展与碳排放的关系国内外学者的观点主要有两派：两者呈倒 U 型关系和非倒 U 型关系。

认为两者呈倒 U 型关系。Panayotou(2003)认为部分环境污染物排放总量与经济增长长期关系呈倒 U 型关系，并从人们对环境服务的消费倾向角度解释了原因：随着国民收入的提高，产业结构发生了变化，人们的消费结构也随之产生了变化。此时，人们开始关注环境的保护问题，环境服务成为正常品，环境恶化的现象逐步减缓乃至消失。Ankarhem(2005)考察了瑞典的情况，指出瑞典 1918—1994 年间的经济增长与二氧化碳、二氧化硫以及挥发性有机物的排放状况也呈环境库兹涅茨曲线分布。

认为两者呈非倒 U 型关系。Friedl 等(2003)认为，1960—1999 年间奥地利的 CO_2 排放状况与经济增长呈 N 型而非倒 U 型关系。Grubb 等(2004)认为，在工业化初期，随着人均收入的增加，人均 CO_2 排放量较高，但是跨越这一阶段以后，人均 CO_2 排放量将在不同的水平上趋于饱和。

国内学者结合国内情况对经济发展与碳排放的关系也展开了广泛的研究。赵云君等(2004)通过选择多个单一国家的不同样本，发现有些指标的实证结果相互矛盾，从而提出了环境库兹涅茨曲线只是一个客观现象，而不是一个客观规律的论断。王中英等(2006)通过相关分析探讨了我国 GDP 增长与碳排放的关系，研究结果显示 $R^2=0.9581$，表明经济增长与碳排放二者之间有明显的相关性。徐国泉等(2006)通过定量分析了 1995—2004 年间，我国能源结构、能源效率和经济发展等因素的变化对我国人均碳排放的影响，得出经济发展对拉动中国人均碳排放的贡献率成指数增长，而能源效率和能源结构对抑制中国人均碳排放的贡献率都呈倒“U”型曲线关系的结论。中国现代化战略研究所等（2007）根据1960—2002 年各国人均二氧化碳排放量的变化趋势，认为部分国家符合环境库兹涅茨曲线，还有部分国家不符合环境库兹涅茨曲线。杜婷婷等（2007）采用 SPSS 统计软件和 EXCEL 软件，对我国二氧化碳排放量与人均收入增长的关系进行时间序列分析，结果显示二者之间呈现 N 型，而非倒 U 型的演化特征。谭丹等（2008）则进一步细化了研究范围，把研究重心聚集在行业，详细研究了我国工业各行业与碳排放之间的关系，在测算了近十年来我国工业各行业碳排放量的基础上，总结了我国工业行业碳排放的特征，并运用灰色关联度方法分析了我国工业行业碳排放量与产业发展之间的关系，研究结果表明我国产业产值与碳排放之间存在着密切联系。周常春等（2011）从旅游的衣、住、行、游、购、娱六方面测算了旅游的碳排放。李国志等（2010）、王卉彤等（2011）关注的是地区，测算了我国 31 个省、自治区、直辖市的碳排放，并用相关统计方法进一步划分和研究了碳排放类型的区域特征。

根据目前国内外学者的研究，可以发现对碳排放的测算与研究，无论用碳排放量还是人均碳排放量等指标，但主要集中在对某一国家、行业和地区的研究，尚未探讨物流服务的碳排放量。倒 U 型关系实际反映的是经济发展与环境之间由挂钩发展到脱钩的变化历程，经济发展最初对资源环境存在着明显的依赖关系，物质消耗总量随着经济总量的增长而同比增长，对环境的破坏也如影随形，但在某个特定阶段后，经济增长时物质消耗并不同步增长，甚至开始呈下降趋势。低碳经济的实现，实质上是在可持续发展的框架下，保证经济持续增长的同时，不断降低能源消耗强度和碳排放，使碳排放与经济增长逐步脱钩。

2.2.3 碳减排对策研究

美国普林斯顿大学学者 Pacala 等（2004）通过研究各项技术的温室气体减排潜力，提出了楔形减排技术解决方案，指出规模化应用低碳经济技术能够解决未来 50 年的气候变化问题，将全球温室气候浓度控制在一个较低的水平，楔形减排技术方案包括 3 大类 15 种技术措施，主要有提高能效和节能（包括改善燃油经济性、减少对小汽车的依赖等）、降低能源的碳含量(包括用天然气替代煤炭、风力发电、生物燃料等)以及开发利用自然碳汇(包括森林管理和农业土地管理)。Zwetsloot 等(2003)通过对 42 个国家的 61 个生产企业的考察,发现工业企业的技术创新能力对碳减排具有显著作用,工业企业的技术创新能力越强,越能支撑企业全面采用清洁安全的节能生产方式,碳减排效果越好。尼古拉斯·斯特恩领导编写的《斯特恩评述:气候变化的经济学》(2006)以气候科学为基础,采用经济学成本效益分析的框架,比较了预期损失与治理成本,认为为了避免气候变化的最坏影响,全球应该立即采取行动应对气候变化,行动越早成本越低,应对气候变化需要三个关键的要素:确立碳的定价机制、需要技术政策和建立一个全球的合作体制。Berkhout 等(2006)则深入研究了企业应对温室气体减排的策略,认为企业可借用组织学习的方法模型来制定应对气候变化的策略。兰德斯(2007)则根据挪威的国情,指出挪威减排温室气体国家目标的实现要通过四步措施:一是各个行业提高能效;二是用可再生能源替代化学能源;三是投资碳捕捉和储存;四是减少砍伐森林。汉森(2007)认为发展低碳经济,对中国是个非常大的挑战,需要中国把温室气体减排纳入低碳经济的思考当中、要考虑城市发展带来的影响和变化,还要考虑与整个国际社会的互动。梅茨格(2007)指出,欧盟不同的国家 2020 年减排目标的实现需要更多地使用生物能源和可再生能源。多德维尔(2007)则从政府角度考虑,认为发展低碳经济,需要政府能够对企业的减排进行监测、及时发布减排目标的信号,还要对低碳技术的国际交流进行部署。著名智囊机构世界资源研究所等(2007)基于 Pacala 等的楔形减排方案,从技术方案、投资驱动和政策引导方面进一步深化了楔形减排方案的研究,提出技术上通过大规模采取业已或者即将商业化的技术,投资中最主要要克服技术风险、刚性的能源定价机制、政策法规的不确定性等因素,在技术和投资到位的情况下,营造有利于金融媒介投资低碳经济技术并获取可观回报的政策法规环境,从而实现温室气体排放技术的规模化,以应对气候变化问题。Luken 等(2008)通过 8 个发展中国家包含造纸、纺织和皮毛 3 个行业的 98 个国家实证研究,发现市场特征对发展中国家的工业企业低碳生产倾向和行为具有显著影响,产品是否出口对低碳行为也有重要影响。Engau 等(2009)在探讨气候变化政策的不确定性与企业制定减少碳排放策略两者关系的基础上，指出企业应对气候变化政策不确定性的主要方法是积极参与政策的制定，要最大程度地增加企业战略的灵活性。Battisti(2008)则研究了政府机构与企业低碳生产行为的关系，发现政府强制性的制度安排是企业采用低碳相关生产行为的重要驱动力。Jones(2010)则进一步深入研究，研究发现政府介入也应注意力度和方法，过度严厉不利于也不能保证企业从源头上提高低碳生产意愿和采取低碳生产行为。

国内学者结合我国国情，对我国发展低碳经济的方式展开了研究。综合国内学者有关我国发展低碳经济的途径，代表性的观点主要有：走优化能源结构路线、提高能源效率路线、发展低碳技术路线、优化产业结构路线以及构建制度路线等。

优化能源结构路线。张雷(2003)用多元化指数方法分析了经济发展对碳排放的影响，认为经济结构的多元化和能源消费结构的多元化会导致国家从以高碳燃料为主转向以低碳为主。王文君(2009)从技术着手，对以源头控制、过程控制、目标控制相结合的低碳经济发展范式体系进行分析，指出调整产业结构，优化能源利用、加大研发力度、开展国际合作、加强宣传等是实现低碳经济全面发展的路径。

提高能源效率路线。付允等(2008b)从宏观、中观和微观三个层次论证了低碳经济发展模式的发展方向、发展方式和发展方法，提出节能优先，提高能源利用效率、化石能源低碳化，大力发展可再生能源、设立碳基金，激励低碳技术的研究和开发以及确立国家碳交易机制等减碳措施。龚建文(2009)认为发展低碳经济必须结合本国国情，分步实施，有序推进，当前中国发展低碳经济重点是降低能源强度，实现节能减排，最优路径是提高能源效率、发展可再生能源、发展循环经济。潘家华(2009)认为，我国发展低碳经济，不能盲目寄希望于调整产业、能源结构，重点在于提高能源效率、开发利用可再生能源和引导消费者行为。

发展低碳技术路线。石敏俊等(2010)基于动态CGE模型构建了中国能源—环境—经济模型，模拟了低碳技术发展对于实现减排目标的贡献，认为中国实现减排目标的关键在于促进低碳技术发展，推动能源技术进步，鼓励发展低碳能源。庄贵阳(2007)对中国发展低碳经济所面临的机遇和挑战进行了分析，认为发展中国家能否利用后发优势实现低碳经济发展很大程度上取决于资金和技术能力。赵卓等(2010)则针对我国的碳排放特点,指出我国的碳排放主要集中在生产领域,其中70%的碳是企业排放的,30%的碳是居民排放的,因此,我国减少碳排放的主要压力在生产领域,生产领域的低碳生产技术创新取得突破,是我国实现低碳经济的关键所在,未来需要以技术引进和合作开发或自主研发促进低碳技术创新。漆雁斌等(2010)运用多元回归模型对低碳农业进行了研究,通过对农业能源消耗总量及其构成的分析,发现发展低碳农业是实现农业减排、促进能源可持续发展的有效途径。

优化产业结构路线。鲍健强等(2008)从产业角度给出建议,认为我国发展低碳经济主要有这样几种方法和途径:一是调整产业结构,发展具有低碳特征的产业,限制高碳产业的市场准入;二是降低对化石能源的依赖,走有机、生态、高效农业的新路子;三是发展低碳工业,优化能源结构,提高能源效率,减少二氧化碳排放;四是建设低碳城市,开发低碳居住空间,提供低碳化的城市公共交通系统;五是通过植树造林、生物固碳,扩大碳汇。国务院发展研究中心应对气候变化课题组(2009)在论述我国发展低碳经济的必要性时,提出要总体规划,为低碳发展创造条件;优化产业结构,发展低碳产业;发展壮大循环经济,重点抓好工业节能减排;加大新能源和可再生能源开发利用的扶持力度;重视低碳技术的研究开发和技术储备;厉行节约,鼓励消费的同时反对浪费;用低碳理念规划和建设,开展低碳经济试点;制定相关政策,形成低碳发展的长效机制;加强国际合作,研发形成低碳技术体系;广泛宣传教育,提高领导和公众的认知水平等发展低碳经济的政策建议。刘再起等(2009)通过对比7个国家的数据,来研究各国产业结构变化对碳排放量的影响,研究发现各国产业结构的变化对碳排放量的影响不存在相同性,因此必须根据各国的情况合理地选择主导产业,以减少碳排放。

构建制度路线。任卫峰(2008)认为,促进我国低碳经济的发展,大力推动环境金融建设十分必要,必须在制度层面上构建相应的激励性机制,推动环境金融理念的建立及相关培训。孙佑海等(2008)从法律的角度对低碳经济的健康发展进行了思考,提出加强立法、建立健全法制是实现低碳经济的有力措施。李胜等(2009)着重从生产、流通、分配和消费等环节诠释了低碳经济,认为通过建立新能源技术开发的创新机制及制度设计，以实现能源系统和产业结构的低碳化。唐建荣等(2010)则从企业、消费者和政府等角度探讨了构建低碳社会的路径，认为低碳经济法律法规体系对构建低碳社会具有重要作用，并对低碳经济法律法规体系提出了具体要求。

此外，一些学者还把研究视角切入了企业生产过程的低碳化。刘解龙等(2010)认为企业内部低碳化需要关注产品生产前的上游阶段、生产过程的中游阶段、流通阶段以及产品消费后的下游阶段，以保证产品原材料在来源上尽量做到绿色无污染、生产低碳产品和低碳消费。王文军(2010)则按照产品的生产与消费环节，认为低碳经济的发展模式包括源头型、过程型、产出型、消费型以及优化型五种发展模式，其中源头型模式强调在生产环节的原材料选取应以低碳化或无碳化为标准，过程型模式关注在生产加工时，要尽可能地采用低碳化或无碳化的技术来开展生产活动，产出型模式强调生产的产品应当污染小、对环境友好，消费型模式关注产品在消费活动中要绿色、环保和低碳，而优化型模式则全面强调从原材料的获取、产品的加工、产品的形成以及消费的各个环节都应当尽可能的低碳或无碳，并指出优化型模式是对环境最有利、友好和最优的发展模式。

综合学者们的观点，发展低碳经济主要是通过政府的引导和商业激励的方式，鼓励市场运用低碳技术、加快低碳技术成果的转化以及加强国际和企业间的合作，在明确而稳定的政策框架下，促进经济结构的转变，以推动低碳经济的发展。也即需要政府行动、技术支撑、制度保障和市场的推动，以及相应产业战略、能源战略等的转变等。

2.2.4　现有研究的不足及对本书的启示

由于低碳经济一词从提出至今还不足10年，政界和学界对其展开的研究中不可避免地存在一些不足。为了应对全球气候变暖，国际上许多国家开始了向低碳经济的战略转型，通过制定相关政策、立法以及低碳技术发展规划来推动低碳经济的发展，以实现减少碳排放的目标。与低碳经济转型的战略方向一致，学界对低碳经济的研究主要停留在宏观层面，从产业角度、能源角度、技术角度等方面展开研究，缺乏中观和微观层面的研究。由于尚未深入到企业、个体等微观层面，使目前的研究显得缺乏可操作性,飘浮在应用界面之外,微观个体对低碳经济仍持观望态度。

相比之下,国内学者已结合国情对低碳经济展开了研究,提出了不少低碳技术和政策措施,但是仍然没有深入到企业微观层面,偶有学者涉及微观层面,但也缺乏系统深入的研究,尤其是具体到某一行业的企业还鲜有研究。企业作为国民经济的细胞,是市场经济的主要参与者,企业履行低碳发展责任是构建环境友好型社会的必然要求,因此发动企业在低碳发展中的力量,逐步细化低碳经济的发展目标,明确减碳的重点行业、重点企业和量化减碳的步骤,将非常有助于企业的节能减排和经济的低碳化发展。本书以高碳排放的物流企业作为研究主体,将物流企业的低碳化发展作为研究对象,从企业微观层面研究实现低碳化发展的路径,力求研究的深入性和可操作性。

2.3 物流及相关问题的研究综述

低碳物流是低碳经济背景下的产物,是人类社会应对气候变化,在保证物流企业健康快速发展的前提下最大限度地减少对碳基燃料的依赖、降低碳污染物排放,以实现物流企业可持续发展的一种模式。其发展宗旨和目标与绿色物流理论不谋而合,但从内涵来看,绿色物流内涵宽泛,低碳物流重点在低碳,为绿色物流的一个重要分支。因此对低碳物流理论的研究,其思想可追溯到绿色物流理论。

20 世纪 80 年代随着物流研究热潮的兴起以及环境问题的日益严重和人们环境问题意识的增强,人们开始关注物流服务所带来的环境问题,西方发达国家首先对物流系统进行了生态环境影响的研究。自 20 世纪 90 年代初期,西方国家的企业及物流学术界的学者们提出绿色物流的概念以来,绿色物流很快就得到了政府、学术界和企业界的高度重视,对绿色物流展开了研究,在很受欢迎的期刊杂志如:Distribution,Traffic Management 和 Transportation and Distribution 等刊登了大量的与绿色物流相关的文章。《国际物质配送及物流管理》杂志最先在杂志上设立专栏研究绿色物流,从 1995 年开始专门刊登绿色物流方面的文章,这使得绿色物流从幕后走到前台，对绿色物流的研究具有划时代的意义。但绿色物流理论仍是一个年轻的理论，目前的研究主要集中在绿色物流的内涵、意义与实现途径等方面。

与国外相比，物流在我国既是一种新兴产业，也是一门新兴学科。1979 年物流概念首次引入中国，对物流的研究仅仅 30 年，由于研究主要集中在实际运用上，停留在国外物流成功模式的套用和感性认识上，理论研究领域不足，所以与国外物流研究成果相比，差距较大。绿色物流的研究也是如此。自 1997 年亚太国际物流会议之后，国内学者对绿色物流展开了研究，目前研究成果相对较少，偶在核心期刊看到相关研究成果。究其原因主要有两点，一方面绿色物流自引入我国仅有 13 年的时间，对其认识和研究时间较短；另一方面，国内有关物流学的核心学术期刊很少，2008 年北大版中文核心期刊目录中仅有《中国物流与采购》一个核心期刊，CSSCI 来源期刊中至今尚无物流学科期刊。

2.3.1 绿色物流的内涵

绿色物流目前尚没有统一的定义，相比影响力较大的是学者 Wu 等和 Rodrigue 等的研究结论。Wu 等(1995)从供应链的角度给出了绿色物流的概念，认为绿色物流就是对环境负责的物流系统，既包括从原材料的获取、产品生产、包装运输、仓储、直至送达最终用户手中的前向物流过程的绿色化，还包括废弃物的回收与处置的逆向物流。Rodrigue 等(2001)认为，绿色物流是与环境相协调的物流系统，是一种环境友好、与环境相容且富有效率的物流系统。

国内王长琼(2002,2004)是较早对绿色物流展开研究的学者，发表相关论文多篇，还出版了《绿色物流》专著，她认为绿色物流是指以降低污染物排放、减少资源消耗为目标，通过先进的物流技术和面向环境管理的理念，进行物流系统规划、控制、管理和实施的过程。李益强 (2001)则从物流活动内容上探讨了绿色物流，认为企业绿色物流是由绿色供应物流、绿色生产物流、绿色销售物流、回收和废弃物物流组成的闭环系统。陈达(2001)认为现代绿色物流管理是从环境角度对物流体系进行改进的环境共生型物流管理系统。曾国平等(2003)则把绿色物流定义为一种管理活动过程，认为绿色物流是为了实现顾客满意，连接绿色需求主体和绿色供给主体，克服空间和时间限制的有效、快速的绿色商品和服务的绿色经济管理活动过程。刘春宇(2005)从物流活动的管理范围来看绿色物流，认为绿色物流是一种节约、循环、共生、低能耗型物流，既包括企业的绿色物流活动，又包括社会对绿色物流活动的管理、规范和控制。夏春玉等(2005)从物流管理过程角度对绿色物流做了专题研究，认为绿色物流包括正向物流的绿色化管理与逆向物流的绿色化管理，既是共生型物流，又是资源节约型物流，也是循环型物流，具有学科交叉性、多目标性、多层次性、时域性和地域性等特征。

从研究成果来看，Wu 等和 Rodrigue 等学者提出的绿色物流概念对国内的绿色物流研究产生了深远的影响，国内学者从不同角度对绿色物流内涵的研究，实质上是在 Wu 等和 Rodrigue 等学者的研究基础上进一步完善或细化了绿色物流概念。综合学者们的观点，虽然学者们从不同角度给出了绿色物流的定义，但其中也有共同之处，共同点在于都强调绿色物流具有生态性和环保性，因此在物流活动过程中所有能降低对环境影响的手段、方法、措施和过程等都属于绿色物流范畴。也即绿色物流是一个内容丰富、外延宽广的概念。

2.3.2 企业绿色物流行为

Szymankiewicz(1993)在统计分析的基础上，发现只有 19%的公司制订了具体的物流和环境政策，虽然大多数公司已经行动起来，但真正全面实施环保政策的物流公司只有 7%，大多数的公司希望等到立法之后才被迫采取行动。Georgia Institute of Technology(1999)通过对美国大约 500 家不同行业的制造商应用清洁大气许可条例的企业成本进行调查，调查结果显示有 75%的公司由于看到了新条例的重要商业利益，新的大气排放许可条例应用成本要低于行业预期，并且产生了积极的影响。

Murphy 和 Poist 对企业绿色物流行为展开了大量的研究，1996 年两位学者与 Braunschweig 共同合作，将物流公司划分为环保积极者、中间者和环保保守者，并采用问卷调查的方式收集数据，实证结果发现环保积极者的公司规模一般更大，它们更加遵守政府的规制，对环保问题高度重视，往往使用大量的而且是非传统的策略来管理环境，相反，环保保守者对制定环保政策漠然冷淡，对环保问题也不太关心。2000 年两位学者通过研究美国、欧洲、加拿大的价值链，探讨了环境问题对物流决策的影响，研究发现在西方工业化国家，受到普遍推崇和欢迎的绿色物流策略包括循环使用、减少消耗和物料重复使用等。2003 年比较了美国和非美国公司的绿色物流观念与实践，发现美国和非美国公司在管理绿色物流方面持有相同的观点和习惯，并进一步认为绿色物流不但能拓展物流范围，而且也影响和改变物流管理者的工作方式。

2.3.3　实施绿色物流的动机

Szymanklewicz 等(1993)通过对英国制造企业的调查，发现制造企业在物流过程中存在较大的压力，这种压力来自于环境因素，制造企业必须对其中物流环境进行绿色化。Hoek (1999)从逆向物流及绿色供应链的角度进行研究，指出环境管理应纳入企业战略计划之中。Murphy 等(2000，2003)从绿色物流战略层次出发，指出物流对环境会产生大的影响，环境问题将是物流及供应链管理要面对的一个主要的挑战，环境问题会严重地影响价值链中的物流决策，企业应重视环境问题，并制定出正式的环保政策，这样企业会在环保审计和公共环境中获得好的成效。Poist 等(2003)通过比较美国和非美国公司的绿色物流管理，发现无论是美国公司还是非美国公司在管理绿色物流方面都具有相同的观点和习惯，绿色物流不但能拓展物流范围，而且对物流管理者的工作方式产生影响。

国内学者宋华(2001)认为绿色物流是 21 世纪物流管理的方向，物流活动必须有效利用资源和维护地球环境。王长琼(2004)从绿色物流的目标、行为主体、活动范围和理论基础四个方面剖析了绿色物流的内涵，在分析内涵的基础上，指出绿色物流不仅对环境保护和可持续发展具有重要意义，还会给企业带来巨大的经济效益，既有利于社会经济的可持续发展，而且有利于树立良好的企业形象和降低物流过程的环境风险成本、原料成本，从而为企业拓展了利润空间。马燕(2005)认为实施绿色物流是提高顾客满意度、保护环境、节约社会资源以及大幅度压缩物流时间和降低经营成本的有效方法。万维巍等(2005)在剖析物流对环境负面影响的基础上，提出绿色物流是全球经济一体化和可持续发展的必然要求、是物流业不断发展壮大的根本保障和增强企业竞争力的一个有效途径。上官绪明(2009)从循环经济理论的角度出发,探讨了构建绿色物流系统的意义,认为开展绿色物流是循环经济发展观、系统观和生态观的要求。

2.3.4 绿色物流的实现途径

Coopert 等(1991)在《欧洲物流业》中,专门探讨了绿色物流问题,认为所有的物流革新都集中在库存、即时配送和 24 小时货运经营等三个重要方面对运输进而对环境产生影响,并提出通过改进卡车设计、提高公路运费和鼓励联合运输以实现绿色物流。Partick 等(1993)指出物流必须接受绿色化挑战,物流功能应包括逆向物流,制造企业应改进包装、环境管理。Melbin (1996)指出循环包装是制造企业物流绿色化的一种好方式,并以西门子公司为例进行了说明。Leslie Langnau(2001)指出逆向物流是物流绿色化的一种新形式,制造企业应该重视逆向物流的建设。

除了学者的研究外,许多国家通过制定相关法规来推进绿色物流,如日本政府在 2001 年 7 月制定的《新综合物流施政大纲》中,就确定了日本物流业的发展目标和具体措施,主要通过推进车辆的大型化、信息化和共同利用化来提高运输工具的单位燃料能量利用率,以及通过增强铁路运力和缩短运行时间以实现各种运输工具间的运力转换、衔接与尽量促进民间企业自行管理,来创建一个能够减轻环境负担的新的物流体系;德国于 1996 年颁布实施了《循环经济与废物管理法》,该法规定商品生产者和经销者回收包装垃圾时,要求容器及包装物要贴上绿色标志,绿色标志使用费由包装垃圾再生利用的难易程度而定;法国则于 1994 年颁布了《运输包装法规》,明确规定除家用包装外,所有包装的最后使用者要把产品与包装分开,由公司和零售商进行回收处理。美国在 1990 年的《清洁空气法》中就鼓励发展清洁燃料的汽车,同时制定了更加严格的尾气排放标准。

国内学者宋歌等(2003)提出多位一体的绿色物流综合发展战略,认为绿色物流是一个多层次的概念,发展绿色物流,应该结合其参与主体和活动范围来考虑。王长琼(2002,2004)从系统构筑的角度,提出建立废弃物的回收再利用系统,认为企业不仅要考虑自身的物流效率,还必须与供应链上的其他关联者协同起来，从整个供应链的视野来组织物流，此外还基于物流活动的外部性，提出绿色物流必须依靠政府的政策制度来干预，主要包括环境立法、排污收费制度、许可证制度、绿色物流标准、绿色补贴政策、税收政策、政府采购、产业引导等方面。向盛斌(2001)则关注逆向物流对绿色物流的重要作用，提出企业必须在自己的物流体系中，构建完善的逆向物流系统，使原来单向的企业物流变为完整循环的物流网，以解决产品和产品包装物使用后无序流向环境的问题。夏春玉等(2005)除强调政府规制作用在绿色物流发展过程中的重要性外，指出政府从宏观方面进行调控和支持之外，各种民间力量包括环境保护组织的倡导、消费者绿色消费意识的增强和企业的自觉行为等对绿色物流的倡导、发展与推广创造了良好的市场氛围。刘和东(2006)分析了现代物流活动的七大子系统对环境的非绿色影响，就政府引导、企业自律、消费者需求等方面提出了对策和建议。蒋满元(2006)分析了现阶段城市物流绿色化发展趋势与发展对策，认为要实现城市物流的绿色化发展，必须合理规划城市物流系统。帅斌(2006)针对物流领域制定的环境保护立法及相关的专门政策不多，指出必须针对物流领域的特殊情况制定相应的环境保护政策，即物流环境政策，物流环境政策的设计要从管制的角度和促进或支持的角度进行设计。周进宏(2007)认为绿色物流应通过资源节约利用，运输和仓储等的科学规划与合理布局，以大大降低物流成本，降低物流过程的环境风险。孙淑英等(2007)在深入分析我国循环经济物流存在的问题的基础上，提出了在循环经济模式下发展绿色物流的措施。蒋国平等(2008)总结了美、日、欧等发达国家绿色物流发展与实践的成功经验，提出应加强政府宏观规划、提高绿色物流标准、应用绿色物流技术与设备等对策。赵奕凌(2010)根据外部性原理分析了我国绿色物流发展滞后的原因，分析发现唯有规避了物流企业负的外部性，同时引致出绿色物流供给的内生偏好，才能有效实现我国物流绿色演进的可持续性，因此需要对物流的标准及设施设备租赁进行制度设计并给予实施绿色物流的企业行政租金和经济租金。杨国川(2010)剖析了我国绿色物流发展过程中存在的各种制约因素，并结合绿色物流的发展趋势，提出我国发展绿色物流必须确立绿色物流发展的全新理念、完善绿色物流的政策环境和经济环境、大力开发和采用绿色物流技术、加强物流信息系统和标准化体系建设以及加快绿色物流的基础规划和建设等措施。刘荣港等(2011)从经济学的外部性视角探讨了绿色物流活动的正外部性,认为要扩张绿色物流活动的正外部性优势,需要发挥私人解决方法和公共政策途径等两个路径。

学者还从企业角度探讨了绿色物流发展路径。于成学等(2008)在探讨国内外绿色物流存在的缺陷和不足的基础上,构建了绿色物流一体化管理模型,并测算了企业在实施绿色物流一体化管理后的经济效益,结果发现绿色物流一体化管理模型不仅能有效克服绿色物流存在的缺陷,而且可以改善企业物流活动对环境的负面影响。李本辉(2009)在分析绿色壁垒的成因和特征的基础上,提出绿色物流需要加强国内企业的绿色物流管理方案,绿色物流管理包括绿色包装管理、绿色运输管理、绿色流通加工管理以及绿色仓储管理等。李爱彬等(2009)运用博弈论对企业绿色物流进行了研究,认为企业物流绿色化不仅要依靠市场机制的作用,还需要政府建立有效的激励政策和监督机制,并进一步设计了信息不对称下政府引导企业实施绿色物流的委托—代理激励模型和企业物流绿色化的政府监督博弈模型,详细分析了政府和企业如何订立优化激励合同,以及政府如何选择有效的监督力度。郑国诜(2010)在探讨绿色物流对工业生态化的推进作用的基础上,认为走工业生态化之路就要求变单向性的物流模式为循环性的物流模式,绿色物流需要企业个体实施绿色供应链管理、企业群体朝生态工业园演进、区域层面建设工业剩余物交换网络以及社会层面推动循环物流的运转。

从研究成果来看,国内外对绿色物流的研究主要从宏观和微观两个层面、供应链和物流要素两个角度进行了研究。宏观上主要是从供应链角度,就物流活动给环境带来的污染进行了定性研究,提出通过构建绿色物流以减少环境排放的设想。微观上主要是从各物流要素对环境造成的污染入手,提出通过控制物流要素的污染从而实现物流的绿色化。

2.3.5 关于绿色物流的研究方法

对绿色物流的研究国外学者主要从定性角度、定量角度和案例分析角度进行研究。Sheu(2007)以某个特定的高技术制造区为背景,建立了一个使总逆向物流运作成本和相关风险最小化的线性多目标规划模型,提出用协同逆向物流管理体系来处理该地区的多源危险废弃物。Pourmohammadi(2005)构建了一个 B2B 网络环境下的以环境成本和运作成本最小化为目标的逆向物流模型。

国内学者主要运用案例研究、问卷调查法等研究方法对绿色物流进行了研究。姚卫新(2004)基于电子商务环境下正向供应链和逆向供应链一体化的整合研究,提出再制造的产品回收竞争模型。谢家平等(2004)运用作业成本分析法,建立产品回收策略优选目标规划模型,并以 PC 机的回收处理为例,进行实际应用研究。贾小玫等(2005)运用博弈理论与方法,从制度安排和无制度安排两方面分析再生物流和废弃物流的博弈模型。耿小庆等(2007)从物流回收可能给制造商带来收益的角度,提出成本核算和优化模型,研究循环物流中的配送及回收成本。王简等(2007)建立基于平衡记分卡的绿色物流环境绩效评估系统,以帮助企业构建核心竞争力,实现可持续发展。于成学(2008)通过问卷调查的方式,运用 SPSS 统计工具对所得数据进行描述性统计分析和因子分析,识别出企业绿色物流管理的 15 个主因子,建立企业绿色物流管理的指标体系。秦蓁(2009)分析了企业物流流程再造,认为降低物流的环境风险成本、拓展有限的"第三利润"空间,可将物流企业推向可持续发展的前沿。

从研究方法上来看,国内外学者对绿色物流的研究,主要以定性研究为主,定量研究为辅,有的学者力求做到尽量多地联系企业实际,还结合案例和统计资料进行研究,但仍是从广义上去理解和研究绿色物流,缺乏对企业绿色物流的系统研究。

2.3.6　现有研究的不足及对本书的启示

学术界对绿色物流的研究已经广泛展开,但总的说来,目前国内外关于绿色物流的研究才刚刚开始,目前还处在一个不断发展和完善的过程中。在理论上,进行基础理论研究成果较多,而结合实际的应用研究成果较少。研究成果主要是针对物流系统某些环节的单项技术,明显缺乏可持续发展整体思想的指导。一方面,研究工作着重于研究物流与环境问题,而忽视了物流与资源消耗、社会发展等问题的研究;另一方面,目前研究工作大多将资源与环境作为外生变量来加以分析,未将资源、环境、物流与经济发展等问题作为一个整体来进行考虑，以寻求缓解物流与环境两者之间的矛盾。

此外，绿色物流的研究在方法上还存在不足。研究的方法主要还停留在以定性研究为主，而定量研究或定量定性相结合的研究方法较少。随着研究的深入，定性研究必然显示出它固有的缺陷：无法与实际数据相结合以提供可靠的结论，也无法提出绿色物流的定量衡量标准。本研究侧重物流与资源消耗、社会发展等问题，将资源、环境、物流与经济发展等问题作为一个整体来进行考虑，同时收集物流企业的相关统计数据，进行定性研究，以提出物流企业实现低碳化发展的运营策略，指导物流企业低碳发展。

第 3 章　物流服务碳排放的行业探究

低碳经济下减碳的呼声日益高涨，减碳首先必须要明确碳排放现状以针对性地挖掘原因和相应措施从而实现低碳，目前由于我国尚未建立完善的碳排放监测系统，因此还没有某一地区、行业和企业碳排放量的直接监测数据。高能源消耗的物流业同样面临这一问题，国内尚没有统计和公布物流服务的碳排放量数据，现状的非明确性不同程度地影响了减碳行动的针对性。基于此种情况，本章首先梳理了相关研究文献，通过收集物流行业的能源消耗量相关数据对物流服务的碳排放进行测算，使用 SPSS 17.0 对物流业的碳排放量和产值进行了回归分析，基于回归分析结果，通过 EKC 模型研究了物流服务的碳排放行业现状与特征，在评估的基础上，运用迪氏对数指标（LMDI）分解法进一步分解了高碳排放的原因、通径分析法识别影响路径，以期对物流服务的未来减碳战略和行动具有借鉴意义。

3.1　物流服务碳排放行业估算

3.1.1　估算方法

对碳排放的测算按照计算的系统程度，主要有两种方法，分别为生命周期评估法和能源矿物燃料排放量计算法。前者虽然计算结果更准确，但由于涉及的环节和基础数据较多，在实际测算中存在较多困难，因此少被使用。后者较易操作和实施，且 IPCC 第四次评估报告公布的研究结果明确显示：温室气体增加的主要来源是化石燃料燃烧，因此目前常使用后者进行测算，即采用系数法根据各项能源的消费量来估算碳排放量。

由于目前对碳排放的测算研究是采用系数法、基于对能源消费量的估算得来的，本书亦采用公认的估算公式和能源消耗碳排放系数的取值数据对物流服务的碳排放行业状况进行了测算。估算公式为：

$$C = \sum C_i = \sum \frac{E_i}{E} \times \frac{C_i}{E_i} \times E = \sum S_i \times F_i \times E \qquad (3\text{-}1)$$

式中，C 为碳排放量，C_i 为第 i 种能源的碳排放量，E 为一次能源的总消费量，E_i 为 i 种能源的消费量。相应的，S_i 代表 i 类能源在总能源中所占的比重，F_i 为 i 类能源的碳排放强度。关于能源消耗的碳排放系数 F_i 的取值，目前国内外尚没有统一的标准，国内学者主要采用中国能源问题的国家级研究机构——国家发展和改革委员会能源研究所使用的数据。本章亦采用其公布的数据，具体数据如表 3-1 所示。

表 3-1　各类能源的碳排放系数

项目	原煤	汽油	煤油	柴油	燃料油	电力
F_i（t 碳/万 t 标准煤）	0.7476	0.5532	0.3416	0.5913	0.6176	2.2132

资料来源：中国科学院可持续发展战略研究组：《2009 中国可持续发展战略报告——探索中国特色的低碳道路》，科学出版社 2009 年版，第 69 页。

3.1.2　碳总排放量

通过查找历年《能源统计年鉴》《中国统计年鉴》以及《中国物流年鉴》等，收集了物流服务自 1980 年至 2008 年共 29 年间的能源消费量基础数据，具体数据如表 3-2 所示。

表 3-2　物流服务 1980—2008 年能源消费量

年份	能源消费总量（万吨标准煤）	煤炭消费量（万吨）	石油消费量（万吨）	天然气消费量（亿立方米）
1980	2902.00	1934.40	911.50	0.70
1981	2942.00	2085.90	857.50	0.70
1982	3108.00	2173.20	927.90	0.60

续表

年份	能源消费总量（万吨标准煤）	煤炭消费量（万吨）	石油消费量（万吨）	天然气消费量（亿立方米）
1983	3261.00	2191.80	1002.70	0.80
1984	3436.00	2279.60	1063.70	0.80
1985	3713.00	2307.10	1176.40	0.80
1986	3996.00	2295.00	1375.70	1.00
1987	4126.00	2241.50	1476.50	0.50
1988	4327.00	2259.40	1557.20	1.10
1989	4499.00	2284.10	1634.60	0.70
1990	4541.00	2160.90	1683.20	1.90
1991	4756.00	2024.80	1871.20	1.20
1992	5058.00	1875.90	2084.80	1.10
1993	5587.00	1750.50	2496.00	0.80
1994	5625.00	1873.40	2350.30	1.30
1995	5863.00	1315.10	2863.60	1.57
1996	5994.45	1175.90	2937.70	4.01
1997	7543.13	1431.00	3733.00	3.70
1998	8245.00	1390.60	4245.30	3.68
1999	9243.00	1294.30	5004.30	4.80
2000	10067.00	1139.94	5509.40	5.81
2001	10257.00	1050.88	5692.91	5.96
2002	11171.00	1055.00	6156.60	6.37
2003	12819.00	1067.33	7093.24	6.82
2004	15104.00	832.12	8620.59	11.16
2005	16629.00	815.34	9708.48	16.43
2006	18583.00	724.80	10969.16	17.24
2007	20643.00	685.45	12296.64	16.89
2008	22917.25	665.41	13279.40	71.55

资料来源：作者整理。

从物流服务能源消费量基础数据来看，1980—2008 年 29 年间物流服务的能源消费总量呈逐年上升趋势，1980年物流服务能源消费总量为2902万吨标准煤，2008年已高达22917.25万吨标准煤，增长了20015.25万吨标准煤，年均增长率高达23.78%，具体到增长速度，前10年增长速度较缓，1989年能源消费总量为4499万吨标准煤，与1980年相比仅增长了1597万吨标准煤，1990年后增长速度加快，1995年能源消费总量与1980年相比增长了一倍，时隔4年至1999年又翻了一番，但前20年能源消费总量总体保持在10000万吨标准煤范围内，2000年能源消费总量迅速突破了10000万吨标准煤，之后增速急剧增长，由2000年的10067万吨标准煤增长至2008年的22917.25万吨标准煤，8年能源消费总量又翻了一番，2008年与1980年相比能源消费总量增加了6倍多。

与能源消费总量的变化趋势相一致，石油和天然气的消耗量也逐年增长。其中石油消费量由1980年的911.5万吨增长至2008年的13279.4万吨，净增长了12367.9万吨，29年间石油消费量翻了10倍，年均增长率为46.78%。从增长速度来看，也与能源消费总量的变化趋势保持一致，前10年增长速度缓慢，1989年的石油消费量为1634.6万吨，控制在2000万吨内，1992年突破了2000万吨大关，消费量为2084.8万吨，之后增长速度加快，1999年已过5000万吨大关，2006年更是迅猛地冲过了1亿吨关口，消费量达10969.16万吨，从1000万吨到1亿吨的跨越式发展仅用了27年。天然气消费量的增长同样迅速，天然气的消费量由1980年的0.7亿立方米增加到2008年的71.55亿立方米，增加了70.85亿立方米，29年间的具体变化情况，其中前10年物流企业的天然气消费量保持平衡状态，年消费量在0.7亿立方米上下波动，1990—1995年天然气消费量出现小幅增长，年消费量在2亿立方米内，1996年开始天然气消费量大幅增长，由1996年的4.01亿立方米，增长至2003年的6.82亿立方米，2004年更是超过了10亿立方米大关，之后2004—2007年天然气消费量继续保持增长态势，由2004年的11.16亿立方米，增长至2007年16.89亿立方米，2008年更是出现了爆发性的增长，消费量一跃即将迈进100亿立方米关口，年消费量已达71.55亿立方米。

物流服务的煤炭消费量与石油、天然气消费量的变化方向不同，后两者逐年不断上升，而前者呈先增加后降低、呈倒U型变化趋势，1980年的煤炭消费量为1934.4万吨，1980—1985年间煤炭消费量呈逐年上升趋势，1985 年达到 29 年来的消费顶峰，年消费量为 2307.1 万吨，1985 年之后物流业的煤炭消费量开始逐年下降，2008 年的煤炭消费量为 665.41 万吨，与 1985 年的峰值相比，下降了 1641.69 万吨。

基于基础数据，根据以上碳估算方法和公式，初步测算了物流服务 1980—2008 年历年的碳排放量，具体测算结果列示在表 3-3 中。

表 3-3　物流服务 1980—2008 年行业碳排放量　（单位：万吨）

年份	能源消费总量（万吨标准煤）	天然气		煤炭		石油		碳总排放量
		消费比例	碳排放量	消费比例	碳排放量	消费比例	碳排放量	
1980	2902.00	66.66%	1446.16	31.41%	530.95	0.02%	0.31	1977.42
1981	2942.00	70.90%	1559.42	29.15%	499.49	0.02%	0.31	2059.22
1982	3108.00	69.92%	1624.68	29.86%	540.50	0.02%	0.27	2165.45
1983	3261.00	67.21%	1638.59	30.75%	584.07	0.02%	0.35	2223.01
1984	3436.00	66.34%	1704.23	30.96%	619.61	0.02%	0.35	2324.19
1985	3713.00	62.14%	1724.79	31.68%	685.25	0.02%	0.35	2410.39
1986	3996.00	57.43%	1715.74	34.43%	801.35	0.03%	0.44	2517.53
1987	4126.00	54.33%	1675.75	35.79%	860.06	0.01%	0.22	2536.03
1988	4327.00	52.22%	1689.13	35.99%	907.07	0.03%	0.49	2596.69
1989	4499.00	50.77%	1707.59	36.33%	952.15	0.02%	0.31	2660.05
1990	4541.00	47.59%	1615.49	37.07%	980.46	0.04%	0.84	2596.79
1991	4756.00	42.57%	1513.74	39.34%	1089.97	0.03%	0.53	2604.24
1992	5058.00	37.09%	1402.42	41.22%	1214.40	0.02%	0.49	2617.31
1993	5587.00	31.33%	1308.67	44.68%	1453.92	0.01%	0.35	2762.94
1994	5625.00	33.30%	1400.55	41.78%	1369.05	0.02%	0.58	2770.18
1995	5863.00	22.43%	983.17	48.84%	1668.05	0.03%	0.70	2651.92
1996	5994.45	19.62%	879.10	49.01%	1711.21	0.07%	1.78	2592.09
1997	7543.13	18.97%	1069.82	49.49%	2174.47	0.05%	1.64	3245.93
1998	8245.00	16.87%	1039.61	51.49%	2472.89	0.04%	1.63	3514.13
1999	9243.00	14.00%	967.62	54.14%	2915.00	0.05%	2.13	3884.75
2000	10067.00	11.32%	852.22	54.73%	3209.23	0.06%	2.58	4064.03

续表

年份	能源消费总量（万吨标准煤）	天然气		煤炭		石油		碳总排放量
		消费比例	碳排放量	消费比例	碳排放量	消费比例	碳排放量	
2001	10257.00	10.25%	785.64	55.50%	3316.12	0.06%	2.64	4104.40
2002	11171.00	9.44%	788.72	55.11%	3586.22	0.06%	2.83	4377.77
2003	12819.00	8.33%	797.94	55.33%	4131.81	0.05%	3.02	4932.77
2004	15104.00	5.51%	622.09	57.07%	5021.50	0.07%	4.95	5648.54
2005	16629.00	4.90%	609.55	58.38%	5655.19	0.10%	7.28	6272.02
2006	18583.00	3.90%	541.86	59.03%	6389.54	0.09%	7.65	6939.05
2007	20643.00	3.32%	512.44	59.57%	7162.80	0.08%	7.49	7682.73
2008	22917.25	2.90%	497.46	57.94%	7735.25	0.31%	31.73	8264.44

资料来源：作者计算整理。

从表中测算结果来看，物流服务近 29 年来碳排放量与能源消费量的变化趋势基本保持一致，均呈逐年递增趋势。但与能源消费量的变化趋势相比，碳排放量上升趋势并非严格的递增趋势，期间碳排放量曾出现下降趋势，具体变化趋势如图 3-1 所示：

从变化趋势图来看，自 1980 至 1989 年 10 年间物流服务的碳排放量呈逐年平稳上升趋势，虽然增长幅度不大，但是经历的是 10 年的连续增长，由 1980 年的 1977.42 万吨增长至 1989 年 2660.06 万吨，增长了 682.63 万吨。10 年稳步前进后，1990—1992 年连续 3 年碳排放量出现小幅下降，三年来的碳排放量分别为 2596.79 万吨、2604.24 万吨和 2617.31 万吨，均小于 1989 年的 2660.06 万吨。1993 年碳排放量又恢复增长变化趋势，经过 1993 年和 1994 年两年的递增后，继而出现 1995 年和 1996 年两年的下降，两年的小幅调整后，1997 年至今物流服务的碳排放量呈逐年严格递增变化趋势，且 12 年的增幅远远大于 1980—1989 年 10 年间的增幅。总体来说，29 年间其中 24 年物流服务的碳排放量呈增长变化趋势，中间仅有 5 年出现小幅下降，总趋势呈递增趋势，增长中有小幅下降调整，呈现出的是一幅增长、下降、再增长、再下降、继而再增长的变化趋势图。

具体到能源品种上，煤炭、石油和天然气的碳排放量变化趋势出现

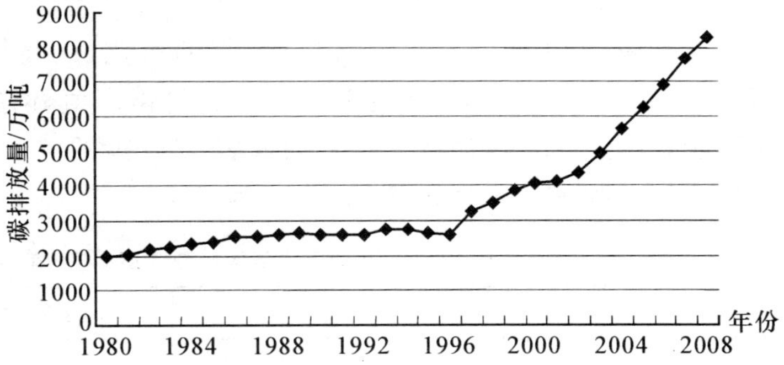

图 3-1　物流服务 1980—2008 年历年碳排放量

资料来源：作者整理。

较大的变动，由于能源消费比例出现较大的变化，碳排放量亦出现大幅变动。与能源消费比例变化趋势相同，煤炭的消费量、消费比例先小幅增长后大幅减少，煤炭的碳排放量也出现先增后降的倒 U 型曲线趋势，具体来说消费比例由 1981 年最高年度的 70.9%，下降至 2008 年最低年度的 2.9%，直接下降了 68%，碳排放量也由 1980 年的 1446.16 万吨降到 2008 年的 497.46 万吨，降幅达 65.6%，与 1985 年的峰值 1724.79 万吨相比，直接下降了 1227.33 万吨；与煤炭的变化趋势相反，石油和天然气的消费量、消费比例呈逐年增长趋势，相应的碳排放量也呈上升变化，其中石油的消费比例由 1980 年的 31.41%上升至 2008 年的 57.94%，消费比例基本翻倍，碳排放量也由 530.95 万吨增长到 7735.25 万吨，增长了 13 倍多；天然气的总体消费比例较低，增长变化也不大，1980—2007 年 28 年间总体消费比例保持在 0.1%范围内，仅 2008 年出现大幅增长，消费比例为 0.31%，由于基数较低和天然气的碳排放强度较小，即使 2008 年天然气的碳排放量达到 29 年间的峰值，也仅为 31.73 万吨，根本无法与石油的碳排放量相提并论，且 1980—1995 年 16 年间的碳排放均未突破 1 万吨大关，从 1996 年开始增幅加大，至 2007 年仅增长至 7.49 万吨。

3.1.3　碳排放强度

碳排放强度是指在一定时期内单位产值的碳排放量，反映的是经济对碳排放的依赖程度，具体到企业，反映的是企业的发展对碳排放的依赖程度。本研究通过收集物流业 1980—2008 年的历年产值,同时为了使不同年份之间的数据可以进行比较,即保持数据的可比性,将以当年价格表示的历年产值折算为以 1980 年为基期的可比价格产值,以剔除价格变动因素的影响,并根据以上对物流企业每年碳排放量的测量,计算出了物流服务的碳排放强度。具体数据如表 3-4 所示:

表 3-4 物流服务 1980—2008 年历年碳排放强度 (单位:吨/万元)

年份	碳排放强度	年份	碳排放强度
1980	9.24	1995	2.92
1981	9.45	1996	2.57
1982	8.92	1997	2.95
1983	8.36	1998	2.88
1984	7.61	1999	2.87
1985	6.94	2000	2.76
1986	6.36	2001	2.56
1987	5.85	2002	2.55
1988	5.32	2003	2.71
1989	5.23	2004	2.71
1990	4.71	2005	2.71
1991	4.27	2006	2.72
1992	3.90	2007	2.70
1993	3.66	2008	2.70
1994	3.38		

资料来源:作者计算整理。

从表中数据来看,物流服务的碳排放强度呈逐年下降趋势,但并非严格的递减变动,递减中有小幅调整。1980 年物流服务的碳排放强度为每万元 9.24 吨,2008 年降到每万元 2.7 吨,29 年间每万元产值的碳排放量下降了 6.54 吨,表明物流服务的快速发展对碳排放的依赖程度在大幅降低。此外,从物流业碳排放强度下降速度来看,大致可分为三个阶段:1980—1994 年大幅下降阶段、1995—2002 年小幅下降阶段和 2003—2008 年平稳发展阶段,在大幅下降阶段,碳排放强度的最高值为每万元

9.24 吨，最低值为每万元 3.38 吨，最大值和最小值之间每万元产值相差 5.86 吨碳排放量，年均降低速度高达 4.22%；在小幅下降阶段，1995 年每万元产值 2.92 吨碳排放量的最高值与 2002 年的最低值每万元 2.55 吨碳排放量仅相差 0.37 吨，年均降低幅度在 1.58%；而在平稳发展阶段，每万元产值的碳排放量保持在 2.7 吨左右。

3.2　物流服务的碳排放行业现状

3.2.1　评估模型简介

EKC 又称为环境库兹涅茨曲线，它由 KC（库兹涅茨曲线）发展而来，是诺贝尔奖获得者、美国著名经济学家西蒙·库兹涅茨 20 世纪 50 年代提出的，最初用于研究收入水平与分配公平之间关系，研究发现收入不均现象随着经济增长先升后降，呈现倒 U 型曲线关系。20 世纪 90 年代后，不少学者如 Grossman 等（1995）、Shafik 等（1992）、Selden（1994）等在实证研究时，发现经济发展水平与环境污染之间也呈现出倒 U 型变化趋势，即经济发展水平较低的时候，环境污染的程度较轻，随着人均收入的增加，环境污染由低趋高，环境恶化程度随经济的增长而加剧；当经济发展达到一定水平后，环境污染又由高趋低，其环境污染的程度逐渐减缓，环境质量逐渐得到改善，故称为环境库兹涅茨曲线。

由于 EKC 涉及环境与发展的一般规律，因此它的提出引起了全球环境和经济学家的关注，国内外学者纷纷展开实证和计量模型研究，除探讨环境质量与经济发展之间的关系外，还有学者将它用于研究环境质量与人口密度、人口增长、国际贸易额和政策等之间的相依关系。

随着学者对环境质量与经济增长之间相依关系研究的增多，研究结论也出现了多样性，学者的研究结果显示，经济增长与环境污染指标之间除了呈倒 U 型曲线的二次方程外，还会显示出 N 型的三次方程关系。

3.2.2　选取模型依据

环境库兹涅茨曲线模型被国内外学者广泛地用于研究经济增长与环

境之间的函数关系，低碳经济提出后国内学者以环境库兹涅茨曲线及衍生曲线为依据，对我国的碳排放与经济增长时序数据进行统计拟合，得出经济发展与碳排放的函数关系，通过拟合得出的函数关系反映经济发展与碳排放之间的相依关系，进而判断经济发展与环境保护事业所处的状况与阶段。

由于回归分析是研究变量间的非确定关系、构造变量间经验公式的常用数理统计方法，因此使用 EKC 模型时，学者们常使用回归分析统计方法来构造变量间的函数关系，根据函数关系和因变量的变化趋势来进一步判定变量间的相依关系。模型中参数值变化与曲线判断标准如表 3-5 所示。

表 3-5　模型的参数值变化与曲线形状

参数值	回归方程	曲线关系	y 值变化	曲线形状
$b_1>0$	$y=b_0+b_1x$	一次曲线	随 x 的增加而单调增加	直线
$b_1<0$	$y=b_0+b_1x$	一次曲线	随 x 的增加而单调递减	直线
$b_1>0,b_2<0$	$y=b_0+b_1x+b_2x^2$	二次曲线	先增加后减少	倒 U 型
$b_1<0,b_2>0$	$y=b_0+b_1x+b_2x^2$	二次曲线	先减少后增加	U 型
$b_1>0,b_2<0,b_3>0$	$y=b_0+b_1x+b_2x^2+b_3x^3$	三次曲线	增加—减少—增加	N 型
$b_1<0,b_2>0,b_3<0$	$y=b_0+b_1x+b_2x^2+b_3x^3$	三次曲线	减少—增加—减少	反 N 型

资料来源：作者整理。

当两变量呈线性关系时，x 与 y 因参数值的不同会出现两种关系：当 $b_1>0$，表示环境与收入呈单调上升关系，说明环境随着收入的增加而恶化；当 $b_1<0$，表示环境与收入呈单调下降关系，说明环境随着收入的增加而改善。二次曲线中，当 $b_1>0$ 且 $b_2<0$ 时，两变量呈倒 U 型关系，表示收入水平较低阶段，环境随着收入的增加而恶化，收入水平较高阶段，环境随着收入的增加而改善，倒 U 型的顶部为转折点；当 $b_1<0$ 且 $b_2>0$ 时，两变量呈 U 型关系，与倒 U 型关系反映的内涵相反，表示收入水平较低阶段，环境随着收入的增加而改善，收入水平较高阶段，环境随着收入的增加而恶化。与三次曲线相对应有 N 型和反 N 型曲线关系，当 $b_1>0,b_2<0,b_3>0$ 时，两变量呈 N 型关系，表明收入水平不断上升的过程中，环境质量先恶化、后改善、又陷入恶化境地；而当 $b_1<0,b_2>0,b_3<0$ 时，两变量呈反 N 型关系，反映的内容与 N 型正好相反，表示收入水平

不断上升的过程中，环境质量先改善、后恶化、后复归改善。

3.2.3　数据来源与变化趋势

在以往的研究中，学者们多研究某一国家的经济增长与环境污染之间的关系，用人均收入反映经济增长，用二氧化碳、烟尘排放等生态环境指标反映环境质量。经济增长主要反映的是产出的增长，本研究用物流企业的产值来反映物流企业的发展增长，碳排放量反映环境质量状况。数据截取时间段为 1980—2008 年共 29 年间的数据。

具体到每个指标的变化趋势，图 3-1 显示物流业的碳排放量呈指数型增长，碳排放量从 1980 年的 1977.42 万吨增长到 2008 年的 8264.44 万吨，与 1980 年相比增长了 6287.02 万吨，翻了 4 番。但并非严格的增长变化，增长中有小幅调整回落，从变化趋势来看，1980—1996 年物流业的碳排放量呈现小幅增长趋势，1994 年碳排放量出现了 17 年间的峰值，达到 2770.18 万吨，与 1980 年相比仅增长了 792.76 万吨，增幅为 40%，1997 年之后，碳排放量大幅增加，12 年间碳排放量增长了 5018.5 万吨，增幅达 154.61%，年平均增速高达 12.88%。

图 3-2 反映的是物流业从 1980 年到 2008 年历年的产值变动，为了保持数据的可比性，将物流业的当年价格产值折算为以 1980 年为基期的可比价格。从产值变化趋势来看，可以看出物流业历年产值与碳排放量变化趋势大致相同，也呈指数型增长态势，但物流服务的历年产值呈严格的指数型增长态势，产值一直保持增长状态，产值从 1980 年的 214 亿

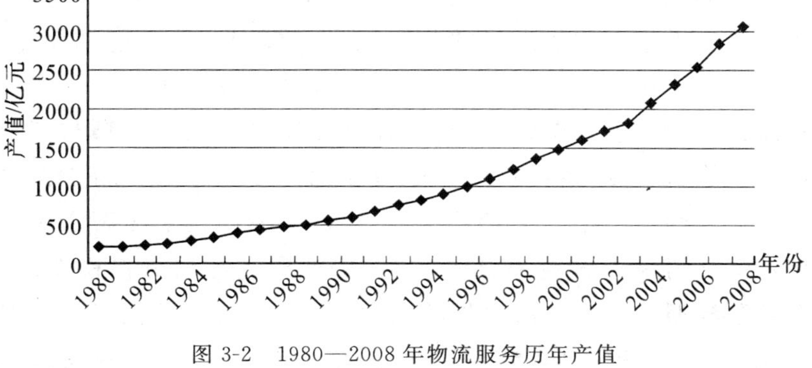

图 3-2　1980—2008 年物流服务历年产值

资料来源：作者整理。

元一路增长到2008年的3057.1亿元,28年间产值增加了2843.1亿元。虽然产值始终保持增长,但增长的速度有较大的区别,根据图3-2的变化态势来看,可以划分为两个阶段:1980—1995年前16年和1996—2008年近13年。前16年增速基本平稳,产值保持在千亿元以内,年均增长43.44亿元,1995年与1980年相比增长了324.81%;近13年产值大幅增长,1996年突破1000亿元大关后,2004年又突破2000亿元关口,从1000亿元到2000亿元仅仅用了8年,2008年又进一步冲高3000亿元大关,2000亿元到3000亿元的跨越仅用了4年时间,产值已是1995年的3倍,与1980年相比,更是翻了14倍。

3.2.4 物流服务发展增长与碳排放关系模拟

比较图3-1和3-2,尽管物流服务发展增长与碳排放演变都呈指数型增长趋势,但是上升的步伐并不相同,碳排放总体增长,但增长中有回落调整,而产值一直呈逐年上升趋势,且两者出现峰值的时间和历年增长速度亦存在较大的差异。那么两者的相依关系是否符合环境库兹涅茨曲线演变规律?会呈现何种形态?有待对两者的相依关系进行模拟。

表3-5列示了不同模型的表示与曲线形状,从图3-1和图3-2来看,物流企业的碳排放与增长时序数据不存在线性相关关系,两个观察量所使用的时间间隔和长度单位又完全统一,因此本书使用SPSS 17.0对我国物流企业1980—2008年的碳排放量和产值进行了二次多项式和三次多项式模型拟合与选择。

模拟图形如图3-3所示,从拟合图来看,三次模型对观测量的拟合程度要优于二次模型。当然图形的判断只是对模型的取舍起辅助作用,而最终的模型判定还是要通过对统计量的分析与研究进行。

具体统计量如表3-6所示,模型概况表列出了二次模型与三次模型的复相关系数R、判定系数R^2、R^2的修正值以及标准误差等。此外回归分析结果显示两个模型的F值概率均小于0.001,表明显著水平均小于0.001,具体见附录1,故都有统计意义,因此通过比较分析模型的R^2修正值来判断模型。由于三次模型的R^2修正值为0.990,大于二次模型的R^2修正值0.989,所以可以判断,拟合最好的是三次模型,这又进一步印证了最初的图形判断结果。即三次模型可以较好地描述我国物流服务的碳排放量与产值增长之间的相依关系。

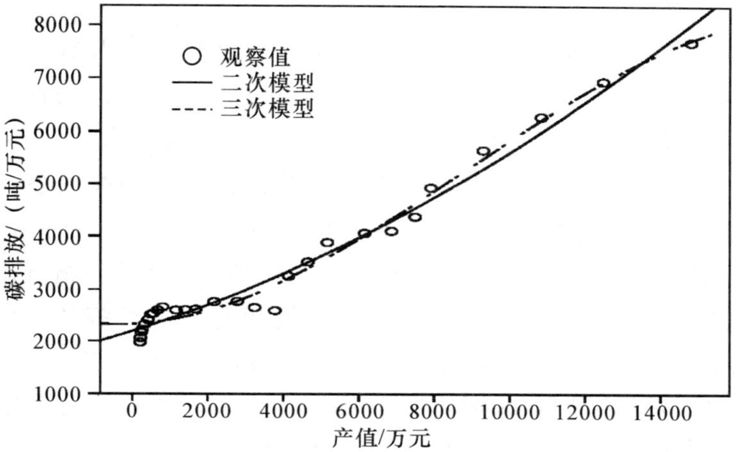

图 3-3　物流服务碳排放量与产值增长时序数据拟合情况

资料来源：作者整理。

表 3-6　模型概况

二次模型				三次模型			
R	R^2	调整后 R^2	估计值的标准误差	R	R^2	调整后 R^2	估计值的标准误差
0.995	0.990	0.989	184.710	0.996	0.991	0.990	174.777

资料来源：作者整理。

由此根据表 3-7 三次模型的曲线回归系数表，可以得出回归方程为：$y=2244.18+0.182x-0.001x^2+1.4\times10^{-7}x^3$。

表 3-7　三次模型的回归系数

	非标准化系数		标准化系数	t	显著度
	B	标准差	Beta		
输出值 1	0.182	0.427	0.087	0.426	0.674
输出值 2	−0.001	0.000	−1.646	−3.480	0.002
输出值 3	1.40E−007	0.000	0.580	2.010	0.055
常数	2244.177	141.585		15.850	0.000

资料来源：作者整理。

3.2.5 研究结论

通过回归方程和因变量的变化趋势可以判断曲线形状。根据回归结果来看,三次模型要优于二次模型,同时由拟合图来看,物流服务产值不断上升的过程中,因变量碳排放量呈先增加,后减少,继而又大幅增加趋势,由此可以认为物流服务的发展与碳排放呈 N 型曲线关系。

根据 EKC 模型理论,N 型曲线关系说明随着物流服务产值的不断增加,环境质量先恶化再改善,又陷入恶化境地,表明目前物流服务的发展与环境之间存在着不协调性,发展中不能同时兼顾经济效益和环境效益,仍处于两难区间①。N 型而非倒 U 型关系,意味着物流服务发展增长与控制碳排放两者尚未达到协同发展阶段,碳排放量还没有达到阈值点,未来一段时间碳排放量还会增长,物流企业面临着巨大的减排压力。

借助四象限分析图法可以明晰地反映出物流服务碳排放状况,具体如图 3-4 所示,按照物流服务的产值和碳排放两个不同的程度进行了划分,基本上可以分为四个象限:低产高碳、高产高碳、低产低碳和高产低碳。28 年间物流服务走的是高产高碳之路,处于四象限图中的第二象限,未来亟待向理想状况第四象限高产低碳转变。

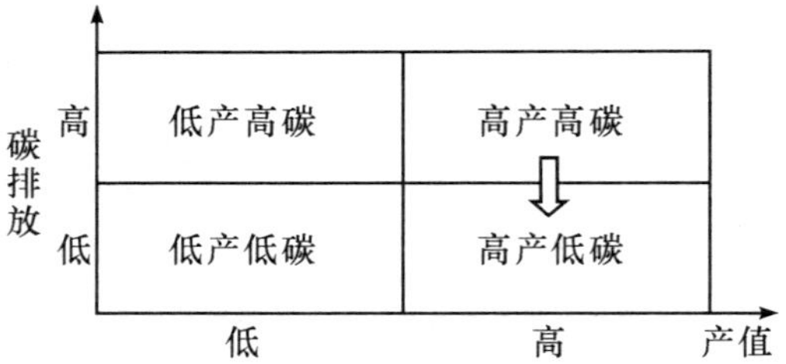

图 3-4 物流服务碳排放评估四象限分析

位于第二象限意味着物流服务处于粗放型发展状态,高消耗高环境成本、依靠增加生产要素来实现产值增长等特征明显,未来减碳之路需要实现向集约型增长方式的转变。实现集约型增长,从高产高碳走向高产低碳,需要积极发展智慧物流、推进融合物流。

---

① 郑易生:《环境与经济双赢乌托邦的误区与现实选择》,《中国人口·资源与环境》2000 年第 3 期,第 112—114 页。

发展智慧物流可以提高生产要素的质量和利用效率,从而降低单位产值的碳排放强度。智慧物流面向未来,具有先进、互联和智能三大特征,整合了物联网、传感网和互联网的资源优势,通过精细化管理,实现物流的自动化、可控化和智能化,从而提升资源利用率以实现减碳。目前已出台相关智慧物流专项扶持政策,将助推智慧物流建设,带来供应链的敏捷智能。

融合物流可以改善资源配置效率,以促进节能减排。融合物流通过提升物流的信息化和专业化,可以促进物流的技术融合、产品融合、业务融合以及衍生行业,从而推动物流技术创新、增加物流产品的技术含量、创新物流业务以及催生物流相关的产业,实现依托供应链模式以延伸产业链和提升价值链,实现物流服务的全面升级。未来物流应围绕专业市场进行建设,提供电子商务和现代物流全面融合的服务,从而优化物流产品结构,实现三流融合、系统发展和提高竞争力。

通过对物流服务碳排放量的估算以及现状的研究,可以发现物流服务的碳排放具有如下特征:

(1)阶段性。我国物流服务碳排放具有明显的阶段性,1980—1996 年是碳排放的平稳阶段,1997—2008 年是碳排放量迅速增长阶段。在碳排放平稳阶段,碳排放量保持在 2800 万吨以内,17 年间 1994 年碳排放达到峰值,但与 1980 年相比,仅增长了 792.58 万吨,年平均增长率为 2.36%。而在碳排放迅速增长阶段,碳排放量迅速超过 3000 万吨大关,由 1997 年 3245.93 万吨增加到 2008 年的 8264.44 万吨,增长了 5018.51 万吨,12 年碳排放量翻了两番,年平均增长速度高达 12.88%,年平均增长率是平稳阶段的 5 倍。

(2)非协调性。根据物流服务增长时序数据与碳排放的拟合关系来看,两者呈 N 型曲线关系,说明目前物流服务的发展与环境之间存在着不协调性,没有同时获得经济效益和环境效益,要么是牺牲环境效益去发展经济效益,要么是获得环境效益而不得不牺牲经济效益,处于环境与发展不协调的两难局面。低碳经济下,物流企业亟待实现经济与环境协调发展,从两难区间走向双赢区间。

(3)增长性。基于 EKC 模型的分析,目前物流服务的碳排放量尚未处于排放量的转折点,表明环境质量从整体上还没有改善,碳排放量仍处于增长阶段。考虑到经济发展对物流需求的不断增长，国内网上零售“爆发式”增长、城镇化带动消费升级以及制造业物流环节外包需求增长等因素，不断地拉动着商贸物流、城市配送物流的快速发展，物流需求在未来仍会保持高增长，因此物流服务的碳排放量还会持续增长。

3.3 物流服务高碳排放原因的分解与识别

通过对物流服务碳排放现状的研究，发现物流服务的碳排放还未达到阀值点，未来还保持持续增长态势，物流业面临着巨大的减碳压力。究竟是什么原因导致物流服务的高碳排放？搞清这一问题对物流服务下一步采取措施减碳具有重要意义。本书采用迪氏对数指标(LMDI)分解法来分析物流业高碳排放的原因。

3.3.1 迪氏对数指标分解法简介

迪氏对数指标(LMDI)分解法是 20 世纪 90 年代以来在环境和能源经济学中占主导地位的因素分解法，由于其公式表达和使用比较简单，以及不产生残差项，因此成为一种使用较多的分解分析法，广泛地应用于能源供求、使用与气体排放以及物质流分析等领域。

它以时间序列数据为对象，主要考察一个变量在不同时期发生变化的原因与影响因素，对于分解对象一般有乘法和加法两种分解方式，两者分别表示为：

$$D_{\text{tot}}=V'/V^0=D_{x1}D_{x2}\cdots D_{xn}\times RD \tag{3-2}$$

$$\Delta V_{\text{tot}}=V'-V^0=\Delta V_{x1}+\Delta V_{x2}+\cdots+\Delta V_{xn}+RD \tag{3-3}$$

其中，D 和 ΔV 分别表示变量从 0 期到第 t 期的变化值，RD 表示分解的残差。由于残差是无法解释的部分，因此在应用过程中，分解方法通过附加一定的权重而将残差 RD 再次分解，以尽可能地消除不可解释因素的影响。不同分解方法由于附加的权重不同，因此计算 D 和 ΔV 的方式也不同。迪氏对数指标(LMDI)分解法加权的权重为 $L(V_i^t,V_t^0)/L\ (V^t,V^0)$，通过计算各具体效应值，来分析各影响因素对变量的影响。

目前学者采用迪氏对数指标分解法对我国经济碳排放的原因进行

了分析，尚未涉及到对企业或某一行业碳排放的原因进行研究。具体研究时，一般使用扩展的 kaya 恒等式，将影响原因分解为规模、结构和技术三类，对年度时间序列数据进行分析。其中代表性的研究有：Wang 等(2005)对我国 1957—2000 年的碳排放进行了分解，结果表明能源强度和能源结构是减少碳排放的原因，而经济增长会带来碳排放的增加。Ma & Stern(2007)对我国 1971—2003 年碳排放的研究进一步印证了 Wang 的研究，同时又详细分析了能源结构，认为生物质能在能源总量中所占比重下降有助于减少碳排放。Fan 等(2007)通过区分一次能源和终端能源消费对碳排放强度的影响，认为一次能源碳排放强度对能源强度变化有显著影响，因此碳减排要关注能源结构。徐国泉等(2006)定量分析了我国 1995—2004 年间的人均碳排放，结果显示经济发展是拉动人均碳排放增加的主要原因，能源结构和能源效率抑制人均碳排放的增加，但作用要弱于由经济发展拉动碳排放量的增长。王俊松等(2010)对我国 1990—2007 年的碳排放进行了分解分析，结果显示经济增长效应是碳排放增加的主要原因，能源强度效应是抑制碳排放的主要原因，人口效应和结构效应对碳排放的影响不大。综上，学者对我国经济发展高碳排放的原因主要从经济增长和人口等规模因素、能源结构和产业结构等结构因素以及能源效率与能源强度等技术因素进行分解和分析。

3.3.2　模型构建

借鉴学者对我国经济碳排放原因的分析思路与研究成果，本书采用迪氏对数指标(LMDI)分解法，从物流企业的生产规模、生产结构、能源结构、能源效率和碳排放强度五个方面构建物流企业高碳排放的分解模型，分别考察物流企业由于生产规模扩大或缩小产生的生产效应、由生产结构调整导致碳排放变化的生产结构效应、能源结构变化引起碳排放变化的能源结构效应、能源效率提高或降低产生的能源效率效应以及碳排放强度变化而引起的强度效应。

根据迪氏对数指标(LMDI)分解法的工作原理，本研究设定物流企业碳排放总量的变化是由已知的可解释的影响因子造成的，影响因子包括物流企业的生产规模、生产结构、能源结构、能源效率和碳排放强度等，将物流企业的碳排放量通过扩展的 kaya 恒等式表示，把从 0 年到 t

年的总碳排放差值称为总效应 ΔE_{tot}，分解后第 t 期相对于基期的碳排放的变化可表示为：

$$\Delta E_{tot}=E_t-E_0=\Delta E_{pdn}+\Delta E_{pstr}+\Delta E_{estr}+\Delta E_{eint}+\Delta E_{effi}+\Delta E_{rsd} \quad (3\text{-}4)$$

$$D=E_t/E_0=D_{pdn}\times D_{pstr}\times D_{estr}\times D_{eint}D_{effi}\times D_{rsd} \quad (3\text{-}5)$$

式中，E_t 和 E_0 分别表示第 t 期和基期碳排放量，ΔE_{pdn}、D_{pdn} 代表物流企业的生产规模对碳排放产生的生产效应，ΔE_{pstr}、D_{pstr} 表示生产结构调整导致碳排放变化的生产结构效应，ΔE_{estr}、D_{estr} 为物流企业能源结构变化引起碳排放变化的能源结构效应，ΔE_{eint}、D_{eint} 代表能源效率变化产生的能源效率效应，ΔE_{effi}、D_{effi} 表示碳排放强度变化而引起的强度效应，而 ΔE_{rsd} 和 D_{rsd} 为分解余量。

Δ 和 D 都反映各因素对碳排放变化的影响效应，两者的区别在于 Δ 为各因素变化对碳排放变化的贡献值，它们是有单位的实值，而 D 为各因素的变化对碳排放变化的贡献率。即 ΔE_{pdn}、ΔE_{pstr}、ΔE_{estr}、ΔE_{eint}、ΔE_{effi} 分别表示物流企业生产规模、生产结构、能源结构、碳排放强度和能源效率的变化对物流企业碳排放变化的贡献值，而 D_{pdn}、D_{pstr}、D_{estr}、D_{eint}、D_{effi} 为物流企业生产规模、生产结构、能源结构、碳排放强度和能源效率的变化对物流企业碳排放变化的贡献率。

采用对数平均权重迪氏分解法对式(3-4)进行分解，分解后各因素的分解结果如下：

$$\Delta E_{pdn}=\sum w_i\ln(Y_t/Y_0) \quad (3\text{-}6)$$

$$\Delta E_{pstr}=\sum w_i\ln(S_{i,t}/S_{i,0}) \quad (3\text{-}7)$$

$$\Delta E_{estr}=\sum w_i\ln(C_{i,t}/C_{i,0}) \quad (3\text{-}8)$$

$$\Delta E_{eint}=\sum w_i\ln(I_{i,t}/I_{i,0}) \quad (3\text{-}9)$$

$$\Delta E_{effi}=\sum w_i\ln(R_{i,t}/R_{i,0}) \quad (3\text{-}10)$$

其中，$W_i=\dfrac{E_{i,t}-E_{i,0}}{\ln(E_{i,t}/E_{i,0})}$，式中各指标的含义和定义如表 3-8 所示。

表 3-8　因素分解的指标及其含义

指标	代表含义
Y_t	物流企业第 t 期的产值
Y_0	物流企业基期的产值
$S_{i,t}$	物流企业第 t 期 i 类企业的产值占总产值的比例，即 $Y_{i,t}/Y_t$
$S_{i,0}$	物流企业基期 i 类企业的产值占总产值的比例，即 $Y_{i,0}/Y_0$
$C_{i,t}$	物流企业第 t 期消耗的化石能源占总能源的比重，$i=1,2,3$，分别表示煤炭、石油和天然气
$C_{i,0}$	物流企业基期消耗的化石能源占总能源的比重
$I_{i,t}$	物流企业第 t 期不同化石能源的排放强度
$I_{i,0}$	物流企业基期不同化石能源的排放强度
$R_{i,t}$	物流企业第 t 期不同化石能源的能源效率
$R_{i,0}$	物流企业基期不同化石能源的能源效率

资料来源：作者整理。

求得各因素的分解结果后，等式(3-4)可转换为：

$$\begin{aligned}\Delta E_{\text{rsd}} &= \Delta E_{\text{tot}} - (\Delta E_{\text{pdn}} + \Delta E_{\text{pstr}} + \Delta E_{\text{estr}} + \Delta E_{\text{eint}} + \Delta E_{\text{effi}}) \\ &= E_t - E_0 - \sum w_i [\ln(Y_t/Y_0) + \ln(S_{i,t}/S_{i,0}) + \ln(C_{i,t}/C_{i,0})] \\ &\quad + [\ln(I_{i,t}/I_{i,0}) + \ln(R_{i,t}/R_{i,0})] \\ &= E_t - E_0 - \sum w_i \ln(E_{i,t}/E_{i,0}) \\ &= E_t - E_0 - \sum_i (E_{i,t} - E_{i,0}) \\ &= 0\end{aligned}$$

通过对式(3-4)转换后，求得分解余量为 0，对式(3-5)两边取对数，可得到式(3-11)：

$$\ln D = \ln D_{\text{pdn}} + \ln D_{\text{pstr}} + \ln D_{\text{estr}} + \ln D_{\text{eint}} + \ln D_{\text{effi}} + \ln D_{\text{rsd}} \qquad (3\text{-}11)$$

对照式(3-4)和(3-11)，设各项相应成比例，可得到：$\frac{\ln D}{\Delta E_{\text{tot}}} = \frac{\ln D_{\text{pdn}}}{\Delta E_{\text{pdn}}} = \frac{\ln D_{\text{pstr}}}{\Delta E_{\text{pstr}}} = \frac{\ln D_{\text{eint}}}{\Delta E_{\text{eint}}} = \frac{\ln D_{\text{effi}}}{\Delta E_{\text{effi}}} = \frac{\ln D_{\text{rsd}}}{\Delta E_{\text{rsd}}}$，这里假设$\frac{0}{0}$可以为任意常数。

设$\frac{\ln D}{\Delta E_{\text{tot}}} = \frac{\ln(E_{i,t}/E_{i,0})}{(E_{i,t} - E_{i,0})} = w$，则可求得以下各式：

$$D_{\text{pdn}} = \exp(w \Delta E_{\text{pdn}}) \qquad (3\text{-}12)$$

$$D_{\text{pstr}} = \exp(w \Delta E_{\text{pstr}}) \qquad (3\text{-}13)$$

$$D_{estr}=\exp(w\Delta E_{estr}) \quad (3\text{-}14)$$

$$D_{eint}=\exp(w\Delta E_{eint}) \quad (3\text{-}15)$$

$$D_{effi}=\exp(w\Delta E_{effi}) \quad (3\text{-}16)$$

$$D_{rsd}=1$$

通过收集相关数据，根据式(3-6)、(3-7)、(3-8)、(3-9)、(3-10)分别计算出物流企业生产规模、生产结构、能源结构、碳排放强度和能源效率的变化对物流企业碳排放变化的贡献值。根据式(3-12)、(3-13)、(3-14)、(3-15)、(3-16)求得物流企业生产规模、生产结构、能源结构、能源效率和碳排放强度的变化对物流企业碳排放变化的贡献率。然后根据式(3-4)和(3-5)求得总效应，通过比较各影响因素效应值与碳排放总效应值的变化关系，分析导致高碳排放的原因。

3.3.3 物流服务高碳排放的原因

3.3.3.1 数据收集与计算

采用对数平均权重迪氏对数指标(LMDI)分解法分解各影响因素后，在具体计算各影响因素效应值时，需要收集相关基础数据，通过加工基础数据求得分解影响因素值，最后根据以上模型求解公式分别算出各影响效应值。基于以上模型，研究物流企业高碳排放涉及的指标与基础数据列示在表3-9中。

表 3-9 计算各影响效应涉及的指标与基础数据

影响效应	涉及指标	计算方法	基础数据
生产效应	生产规模	用历年产值反映	物流企业历年产值
生产结构效应	生产结构	某类物流企业产值占所有物流企业产值的比重	某类物流企业历年产值、所有物流企业历年产值
能源结构效应	能源结构	物流企业消耗的某类化石能源占总能源的比重	物流企业历年煤、石油、天然气消耗量以及物流企业历年能源消耗量
能源效率效应	能源效率	物流企业年能源消耗量除以年增加值	物流企业历年增加值、物流企业历年能源消耗量
强度效应	碳排放强度	物流企业年碳排放量除以年产值	物流企业历年碳排放量、物流企业历年产值

资料来源：作者整理。

以上基础数据主要根据相关年度的《中国统计年鉴》《中国物流年鉴》《中国能源年鉴》以及国家发展和改革委员会、国家统计局、中国物流与采购联合会联合公布的《全国物流运行情况通报》进行收集和整理。根据目前的相关统计年鉴，可得到 1980—2007 年 28 年用于计算生产规模、能源结构、能源效率和碳排放强度的基础数据，但计算生产结构的基础数据完整的统计时间是从 1991 年开始，综合可得的数据，本书共统计了物流企业 17 年间的基础数据，统计期间为 1991—2007 年。

通过加工以上基础数据，分别计算出物流企业历年生产结构、能源结构、能源效率和碳排放强度，然后根据模型中分解的各影响效应的计算公式，以 1991 年为基期，依次求得生产效应、能源结构效应、能源效率效应、强度效应以及总效应。具体数据如表 3-10 所示。

表 3-10　各影响效应值

时间	能源结构效应		能源效率效应		强度效应		生产效应		生产结构效应		总效应	
	ΔE_{estr}	D_{estr}	ΔE_{effi}	D_{effi}	ΔE_{eint}	D_{eint}	ΔE_{pdn}	D_{pdn}	ΔE_{pstr}	D_{pstr}	ΔE_{tot}	D
1992	−1078.04	0.66	−259.78	0.91	−434.16	0.85	452.33	1.19	138.72	1.05	−1180.92	0.64
1993	−2465.40	0.40	−778.66	0.75	−978.11	0.69	1142.07	1.53	−36.54	0.99	−3116.65	0.31
1994	−1198.33	0.64	−1376.78	0.60	−1640.53	0.54	1811.73	1.96	1126.30	1.52	−1277.62	0.62
1995	−1413.86	0.58	−1644.31	0.53	−2118.00	0.45	2170.82	2.28	1344.70	1.67	−1660.65	0.53
1996	641.41	1.28	−1979.05	0.47	−2551.78	0.37	2544.71	2.66	1015.09	1.48	−329.61	0.88
1997	−253.67	0.92	−1775.08	0.54	−2475.38	0.43	3122.77	2.92	1233.10	1.53	−148.25	0.95
1998	−787.79	0.77	−1828.30	0.55	−2692.57	0.41	3608.40	3.28	297.19	1.10	−1403.06	0.63
1999	−780.62	0.78	−1853.39	0.56	−2853.34	0.41	4140.12	3.64	−443.54	0.87	−1790.77	0.57
2000	−1114.78	0.71	−1850.93	0.57	−3347.01	0.36	4813.21	4.34	2034.68	1.86	535.17	1.18
2001	−1381.85	0.66	−2048.95	0.54	−3691.58	0.33	5198.19	4.84	1978.47	1.82	54.29	1.02
2002	−1797.36	0.59	−2051.69	0.55	−3898.57	0.32	5678.78	5.28	2376.11	2.01	307.27	1.09
2003	−2616.30	0.49	−2196.61	0.55	−3925.90	0.34	6261.57	5.57	2072.30	1.77	−404.93	0.89
2004	−3033.89	0.46	−2383.79	0.55	−4338.49	0.33	7390.49	6.55	2388.93	1.84	23.25	1.01
2005	−2398.58	0.56	−2670.63	0.53	−4803.24	0.32	8479.20	7.63	3183.24	2.14	1789.98	1.54
2006	−3783.46	0.43	−2960.21	0.51	−5269.64	0.30	9613.10	8.79	4291.74	2.64	1891.53	1.53
2007	−5317.97	0.32	−3514.30	0.47	−5916.59	0.28	11004.27	10.42	5740.92	3.40	1996.34	1.53

资料来源：作者整理。

3.3.3.2 原因分解

将各影响效应对物流企业碳排放变化的贡献率绘制在同一图中，通过分析各影响因素对物流企业碳排放变化的贡献率趋势，依次研究各影响效应。具体如图 3-5 所示。

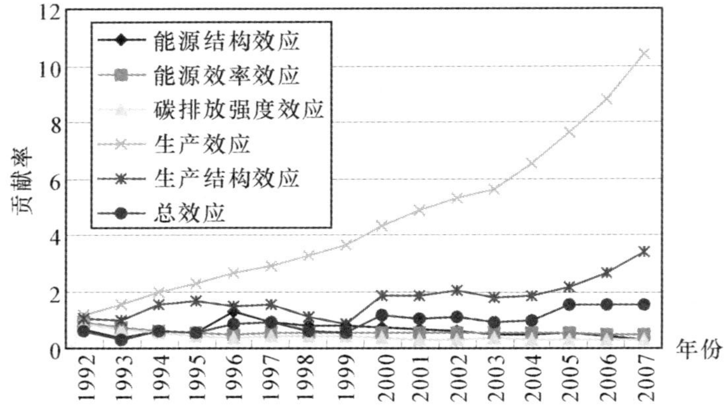

图 3-5 各因素对物流企业碳排放变化的贡献率趋势

资料来源：作者整理。

（1）总效应

与物流企业碳排放呈逐年增长趋势相一致，各影响因素对碳排放变化的总贡献率也呈上升势态，1991—2007 年 18 年间物流企业的碳排放上升了 119%，年均增长高达 14.88%。从以 1991 年为基期的累计效应来看，总效应曲线在 1999 年前呈倒 U 型，1999 年之后呈指数增长趋势，具体呈现三个阶段：1992—1997 年不断增长，1997 年达到倒 U 的顶部，物流企业碳排放共增长了 26%，年均增长 4.33%；1998—1999 年小幅回落，1999 年回落到倒 U 的底部；2000—2007 年再次出现加速增长趋势，共增长 74%，年均增速达 9.25%。

（2）生产效应

从生产效应变化趋势来看，物流企业生产规模扩大对物流企业碳排放变化的贡献率较大，生产效应曲线呈指数增长，总效应变动的三个阶段，生产效应始终呈正向拉动作用，生产规模对物流企业碳排放变化的贡献率由 1992 年的 1.19，上升至 2007 年 10.42，成为导致碳排放增加的主要因素。从其对碳排放的拉动作用来看，可以分为两个拉升阶段：1992—2003年不断拉升阶段以及2003年后的大幅拉升阶段。具体来说，1992—2003年，生产规模对物流企业碳排放变化的贡献率从1.19增长至5.57，10年间生产规模的贡献率增加了4.38。2004—2007年，由于生产规模的扩大，拉动物流企业的碳排放大幅上升，生产效应的贡献率由5.57增长至10.42，净增加了4.85，年均贡献率以1%的速度增长。

(3)生产结构效应

从物流企业生产结构对碳排放变化的贡献率趋势图来看，生产结构效应与总效应保持同步变化趋势，生产结构效应曲线在1999年前也呈倒U型，1999年之后亦呈指数增长趋势，同样呈现三个阶段，但第一阶段在持续的时间上与总效应稍有区别，三个阶段为：1992—1995年不断增长期，1995年贡献率达到倒U的峰值1.67，与1992年的1.05相比，生产结构对碳排放的贡献率增长了0.62；1996—1999年小幅回落期，1999年回落到倒U的底部，由1.05下降至0.87，共下降了0.18；2000—2007年再次出现加速增长趋势，由0.87增长到2007年的3.4，共增长了2.53，年均增速达0.32。

物流企业的生产结构变动对物流企业的碳排放产生较大的正向拉动作用，主要原因在于物流企业的运输、贸易物流、包装以及仓储物流生产中碳排放量较大，且碳排放仍呈上升趋势。其中运输物流对碳排放的贡献率一直保持高位水平，贸易物流对碳排放的贡献率较为平稳，但仍是推动碳排放的力量，而仓储和包装物流对碳排放的贡献率呈不断上升趋势，两者和运输物流成为生产结构中推升碳排放的主要力量，仅邮政物流对碳排放的贡献率较低，但其抑制碳排放的作用与拉长力量相比显得势单力薄，不能从总体上减弱生产结构效应的上升趋势，具体如图3-6所示。

(4)能源效率效应

1991—2007年物流企业的能源效率对碳排放先呈抑制作用，后保持平稳发展态势，呈现两个阶段：1991—1996年物流企业的能源效率效应呈逐年下降趋势，能源效率对碳排放的贡献率由0.91下降至0.47，共下降了0.44，能源效率效应成为抑制碳排放的因素；1997—2007年能源效率对碳排放的贡献率保持平稳发展，贡献率基本保持在0.55上下，从

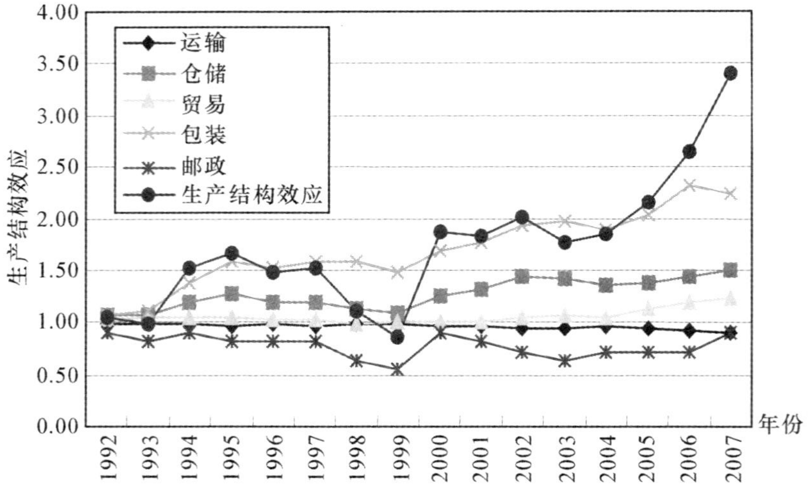

图 3-6　各类物流企业碳排放变化的生产结构效应趋势

资料来源：作者整理。

2005 年开始贡献率虽然小幅下降，但降幅比较小，对碳排放的抑制作用非常有限。

(5)能源结构效应

从能源结构对碳排放贡献率的变化趋势来看，物流企业的能源结构是减少碳排放的力量，对物流企业的节能减排起到了积极的正向作用，但由于能源中石油能源所占比重呈逐年上升趋势，石油能源的碳排放结构效应亦呈明显增强趋势，成为推动碳排放的因素，因此能源结构对碳排放的抑制作用仍然较弱。能源结构效应与能源效率效应变化趋势大致相同，也呈现两个阶段：1991—1996 年物流企业的能源结构对碳排放的贡献率呈上升趋势，由 0.66 上升到 1.28，净增长 0.62；1996 年达到 17 年的峰值后，影响效应开始逐年减弱，由 1.28 下降至 2007 年的 0.32，下降了 0.96。

物流企业能源结构对碳排放影响效应减弱的原因在于煤炭这一高碳排放的能源消耗在逐年减少，煤炭能源消耗占总能源的比重由 1991 年的 42.57%，下降到 2007 年的 3.32%，下降了将近 40%。与煤炭能源消耗逐年减少的趋势相一致，煤炭对碳排放的贡献率在逐年减弱，成为抑制碳排放的积极因素，但是由于物流企业对石油能源的依赖程度越来越强，由 1991 年的 39.34%上升至 2007 年的 59.57%，石油对碳排放的拉动作用在不断增强，并弱化煤炭对碳排放的抑制作用，因此物流企业的能源结构对碳减排的贡献力整体不大。具体如图 3-7 所示。

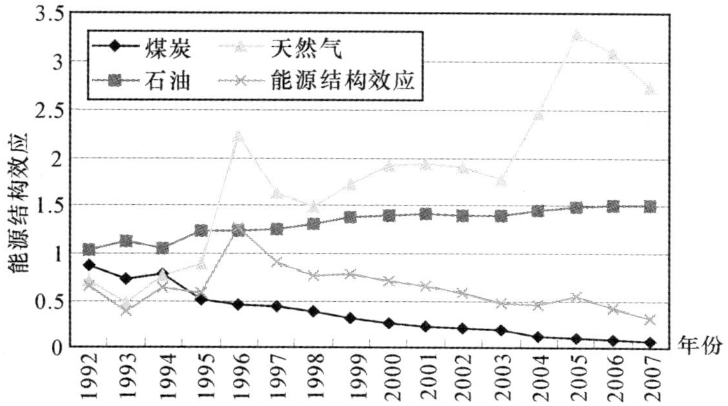

图 3-7 物流服务各类能源碳排放变化的能源结构效应趋势

资料来源：作者整理。

(6)强度效应

物流企业的碳排放强度对碳排放的贡献率在逐年下降，由 1992 年的 0.85 下降至 2007 年的 0.28，下降了 0.57，物流企业的碳排放强度已成为抑制碳排放的主要因素。从强度效应的下降趋势来看，呈现两个阶段：1991—1996 年物流企业的碳排放强度对碳排放的贡献率在大幅降低，由 17 年间的最高值 0.85，降低至 0.37，下降了 0.48，成为此时期抑制碳排放的主要力量，此时间强度效应增强的根本原因在于物流企业的煤炭能源消耗在大幅减少，由 42.57%下降到 19.62%，下降了近 23%；1996—2007 年，物流企业的碳排放强度对碳排放的抑制作用在逐步减弱，对碳排放的贡献率由 0.37 下降至 0.28。

从各影响效应来看，物流企业碳排放强度、能源效率和能源结构是抑制碳排放的力量，生产规模和生产结构是拉动碳排放的因素，由于能源结构中石油对碳排放的能源结构效应较强以及碳排放强度、能源效率抑制作用有限，生产规模和生产结构对碳排放的贡献率较大，抑制贡献率和拉动贡献率差距较大，抑制作用不能抵消拉动作用，因此各影响因素的总效应总体呈上升趋势、物流企业的碳排放在不断增长。

3.3.3.3 原因识别

通过以上影响效应的分析，可以发现各因素对碳排放的作用不同，将各影响效应与总效应变化趋势相比较，找出拉动碳排放的因素即可发现导致物流企业高碳排放的原因。汇总各影响效应变动情况如表 3-11 所示。

表 3-11 物流服务碳排放因素分解的判断矩阵

时期	碳排放趋势	生产规模	生产结构	能源效率	能源结构	碳排放强度
1991—1997	增加	+	+	−	+	−
1998—1999	降低	+	−	0	0	−
2000—2007	增加	+	+	0	0	0
是否显著		显著	显著	显著	显著	不显著

注："+"表示该因子带来碳排放增加，即有正向影响，是拉动碳排放的力量；"−"表示该因子带来碳排放减少，即有负向影响，是抑制碳排放的力量；"0"表示抑制碳排放的作用不明显。

资料来源：作者整理。

从物流服务碳排放因素分解的判断矩阵来看，1991—2007 年间物流企业在 1991—1997 年和 2000—2007 年两个时间段碳排放呈上升趋势，生产规模、生产结构、能源效率和能源结构对碳排放的影响作用显著，生产规模和生产结构是直接增碳因子，拉动碳排放的增加；能源结构在 1991—1997 年间由于煤炭能源所占比重较大，成为增加碳排放的因子，1999—2007 年间物流企业煤炭能源消耗量减少，能源结构以石油能源为主，由于石油能源的碳排放系数较大，能源结构的变动对碳排放的抑制作用不明显，成为间接增碳因子；能源效率在 1991—1997 年间是减碳因子，但是自 1997 年后，抑制碳排放的力量在逐步减弱，对碳排放的抑制作用不明显，同样成为间接增碳因子。综上物流服务高碳排放的原因包括：

(1)物流企业生产规模扩大是导致碳排放增加的主要原因

从物流企业生产效应的变动情况来看，生产规模一直是拉动碳排放的因子，对碳排放的贡献值由 1992 年的 452.33 增加到 2007 年 11004.27，17 年间贡献值增加了 10551.94，增长了 24 倍；对碳排放的贡献率也呈指数增长，由1.19增长到10.42，净增加了9.23。从经济发展对物流刚性需求的增长趋势来看，未来物流企业的生产规模仍将扩大，物流企业生产规模的扩大还会进一步增加碳排放。既要保证物流企业迅速发展、满足日益增长的物流需求，又要减少碳排放是一个两难问题。

(2)物流企业生产结构不均衡是产生高碳排放的另一个主要原因

企业生产结构合理，既能满足经济发展的需要，又可以充分发挥企业优势，使企业各生产部门相互促进、协调发展，使企业取得最佳的经济效应，又能促进生态平衡的良性发展。物流企业的生产结构与生产力发展水平、消费构成、经济制度等密切相关，目前物流企业以运输企业居多，运输业务占总业务的比例在80%左右，相比包装、仓储物流所占比重较小，两者在总生产中占10%，与运输物流量不相适配，随着包装、仓储物流量的增加，碳排放增加在所难免。由于物流企业生产结构的不均衡，对碳排放的贡献值由138.72增长至5740.92，翻了41倍。未来需要优化物流企业的生产结构，保持生产的均衡化发展，将会促进物流企业的碳减排。

(3)物流企业以石油化石能源为主的能源结构是高碳排放的根本原因

物流企业消耗的能源以化石能源为主，化石能源中又以碳排放系数较大的石油为主，其中石油能源占总能源的50%以上，对碳排放的贡献值由1992年的121.74上升到2007年的1947.58，净增长了1825.84，几乎增长了16倍。改善物流企业的能源结构，使用清洁、可再生能源是未来物流企业低碳化发展的一条重要出路。

(4)物流企业的能源效率较低抑制了碳减排速度

能源效率较低不仅困扰着我国经济发展，而且影响着物流企业的发展，由于物流企业的能源效率较低，能源效率对碳排放的抑制作用较弱，不能抵消生产规模、生产结构对碳排放的拉动作用。与改善能源结构相比，提高物流企业的能源效率是一条满足未来能源需求的最快、最经济途径。如何提高能源利用效率，已成为物流企业未来低碳化发展的一个紧迫问题。

3.4 物流服务高碳排放的影响机理

在总结物流服务高碳排放的影响因素的基础上，根据物流服务历年统计数据，构建通径分析模型，运用 SPSS 15.0 统计软件的外挂软件 AMOS 7.0来分析物流服务高碳排放的影响机理。

3.4.1 物流服务高碳排放的影响因素

基于物流企业高碳排放的原因分析，可以发现物流企业物流生产量扩大、高污染非再生能源结构以及能源碳排放强度高是影响物流企业高碳排放的主要因素，如果进一步深层探究原因的话，会发现规模效应、结构效应和强度效应的产生是有影响因素的。这些影响因素包括：物流企业的能源结构是以化石能源为主，清洁能源所占比重非常小，与运输方式相匹配，我国物流企业的能源消耗以油料非再生能源为主，近五年物流企业油料能源消耗量占物流企业能源消耗量的比重在60%高位上下波动，油料消耗又以柴油和汽油高污染型能源为主，柴油和汽油消耗量占全国柴油和汽油消耗量的比例均高达50%以上，以石油能源为主的能源结构已成为影响物流企业高碳排放的重要影响因素；随着国内经济突飞猛进的发展，经济发展对物流服务的需求在不断增长，并且还保持高位增长趋势，物流需求增长迅速也是影响物流企业高碳排放的重要影响因素；物流企业不仅以油料非再生能源为主，而且由于物流运输方式、物流节点有待优化等因素的影响，能源效率整体不高，能源效率问题是产生强度效应、物流企业高碳排放的又一个重要影响因素；此外，从物流企业自身发展状况来看，国内物流企业发展较晚、起步低，仍处于粗放型初级发展阶段，发展水平与国外物流企业存在较大差距，物流企业的发展水平和发展阶段也是影响物流企业高碳排放的主要影响因素。

当然，影响物流企业高碳排放的因素还包括政府、公众对物流企业的监管程度、逆向物流的发展、循环物流技术的发展等，但这些影响因素还缺少相关的统计数据，考虑到数据的可得性以及重要性原则，根据矛盾论的灵魂，以解决问题要抓主要矛盾和矛盾的主要方面为指导，本书主要从影响物流企业高碳排放的原因中剖析出物流企业高碳排放的主要影响因素。主要影响因素包括:物流需求的增长、以油料非再生能源为主的能源结构、能源效率以及物流企业的发展水平等。以上述四个主要影响因素来进一步分析每一个影响因素是如何影响物流企业的碳排放以及影响程度如何,即物流企业高碳排放的影响机理。

3.4.2 通径分析简介

对物流企业高碳排放影响机理的研究,本书主要采用通径分析进行研究。通径分析(path analysis)也称为路径分析,是由生物学家赖特于1921年最先提出,后被引入社会学的研究中,并发展起来的一种分析因果关系的建模方法。与回归分析一样,路径分析也是一种实证性技术,用于研究多个变量之间存在多层因果关系及其相关强度的方法,可以解决一般回归模型不能处理自变量多于一个和中介变量等问题,主要目的是根据样本检验假设的因果关系是否合理、假想的因果模型的准确和可靠程度以及测量变量间因果关系的强弱。也即回答模型中两变量间是否存在相关关系;若存在相关关系,则进一步研究两者间是否有因果关系;若存在因果关系,则研究两者是如何进行影响的,是直接影响,还是通过中介变量间接影响,或者是两种情况都有;直接影响与间接影响程度如何。

根据划分标准的不同,路径分析具有不同的类型。以变量属性来区分,路径分析模型有两种,一种是传统的路径分析,模型所有的变量均为测量指标变量,这些测量指标变量通常是量表中数个测量题项分数的加总,而非单一题项,又被称为观察变量路径分析,观察变量路径分析模型是一种没有包含任何潜在变量的结构方程模型。另一种路径分析则结合了传统的路径分析与验证性因素分析的测量模型,分析模型中除观察变量外,也包含潜在变量,因而同时具备测量模型与结构模型的性质,又被称为包含潜在变量的路径分析。路径分析中有两种基本的类型:递归模型和非递归模型,模型中变量之间只有单向的因果关系,且所有的误差项彼此不相关,称为递归模型;否则,称为非递归模型。

路径分析的实施通常包括以下四个步骤:

(1)选择变量和建立因果关系模型,并画出路径图以说明各变量间可能存在的因果关系。变量包括外生变量、内生变量和残差变量,外生变量是不受模型中其他变量影响的独立变量,在因果模型中只扮演因,从不扮演果;内生变量受模型中其他变量的影响,在模型中既可为因又可为果;而残差变量则是来自因果模型之外的影响因变量的所有变量的总称。路径图中带箭头的直线,连接的是具有因果关系的两个变量,箭头的方向与因果的方向相同,当两变量只有相关关系而无因果关系时,用弧线双向箭头表示。根据箭头方向可以了解变量间的影响途径和影响方向。

(2)搜集资料,估计参数求得路径系数。首先计算路径系数与残差路径系数,然后计算两变量间相关系数,回归系数的估计值称为路径系数,标准化回归系数的估计值称为标准路径系数。此外,要计算两变量间总因果作用力,包括变量直接作用力和经中间变量的间接作用力两部分。

(3)检验和修正模型。根据各项适配度统计量、参数估计值判断模型与数据是否适配,若是假设模型与样本数据无法契合,则需要进行模型的修正,模型修正后再进行模型的检验,若是模型修正后仍无法适配,则要考虑放弃原假设模型而重新构建模型。表 3-12 列出了检验路径分析模型常用指标与判断标准。

表 3-12 路径分析模型常用拟合指标及判断标准

指标类型	指标名称	符号	判断标准
信度检验	T 检验值	t	高于 1.96 即具有统计显著性
	综合信度	CR	大于 0.6(Bagozzi and Yi,1988)
	平均方差抽取量	AVE	大于 0.5(Bagozzi and Yi,1988)
绝对拟合指标	卡方值	χ^2	越小越好
	近似均方根残差	RMSEA	0.01～0.1 是可以接受的区间范围(Steiger,1990)
	适配度指数	GFI	大于 0.9
	调整后适配度指数	AGFI	大于 0.9
	残差均方和平方根	RMR	小于 0.05
	非集中性参数	NCP	越小越好

续表

指标类型	指标名称	符号	判断标准
相对拟合指标	规范拟合指数	NFI	大于0.9(Bentler and Bonett,1980)
	非规范拟合指数	NNFI	大于0.9(Bentler and Bonett,1980)
	比较拟合指数	CFI	大于0.9(Bentler,1980)
	相对适配指数	RFI	大于0.9
	增值适配指数	IFI	大于0.9
简约拟合指标	简约拟合优度指数	PGFI	大于0.5(Nulaik,1989)
	卡方自由度比	χ^2/df	小于3
	简约规准适配指数	PNFI	大于0.5(Nulaik,1989)
显著性检验	概率值 p	p	小于0.05就可拒绝虚无假设

资料来源:作者整理。

(4)效应分解。路径分析的最终目的是进行因果效应分解,就是将变量间的因果关系分为不同的效应部分。其中,因果效应分为直接效应和间接效应。直接效应是自变量对因变量的直接影响,即自变量到因变量之间的路径系数。间接效应是自变量通过中介变量到因变量的效果。当只有一个中介变量时,间接效应是两个路径系数的乘积。对于递归模型,中介变量不止一个时,间接效应就是从因变量出发,通过所有中介变量到因变量形成的箭头链上所有路径系数的乘积。

路径分析常使用SPSS-AMOS、SAS-PROC CALIS和STATA path-reg软件进行操作。具体到SPSS-AMOS的操作步骤如下:绘制因果模型图;开启数据文件,界定各变量名称;开启分析属性,勾选相关统计量;按计算估计值,执行模型的估计;检验假设模型以及诠释模型检验。

尽管路径分析模型解决了一般回归模型不能处理自变量多于一个和中介变量等问题,但这种方法在使用上仍然有一些缺陷。路径分析的不足主要有:路径分析假定变量没有测量误差存在;只能处理可以观测的显变量的因果关系问题,至于潜在变量则不能进行处理,这些问题的解决要靠结构方程模型来完成。此外路径分析虽然同时处理多组回归方程,但其背后的数学原理并未考虑多次执行检验时造成的统计误差积聚的问题,因此路径分析被部分学者认为只能检验路径系数的显著性,无法对结构方程模型进行整体性的评估分析。

3.4.3 影响机理研究

3.4.3.1 研究假设

根据物流企业碳污染物的产生根源、环节以及物流企业低碳化发展的主要影响因素与碳排放之间的逻辑关系，本书提出了物流需求的增长、以油料非再生为主的能源结构、物流企业的能源效率以及物流企业的发展水平等影响物流企业低碳化发展的主要因素与碳排放之间的理论假设。具体研究假设如下：

假设1：物流企业以油料非再生为主的能源结构对物流企业的碳排放有正向影响，物流企业所消耗的能源中油料非再生能源比重越大，碳排放越多、越妨碍物流服务的低碳化发展。

假设2：物流企业的能源效率对物流企业的碳排放有正向影响，能源利用越充分、效率越高，所消耗的能源就越少，碳排放也就越少，越能促进物流服务的低碳化发展。

假设3：物流企业的发展水平对物流企业的能源效率有正向影响关系，物流企业的发展水平越高，物流企业的能源利用越充分、效率越高。

假设4：物流企业的发展水平对物流企业的碳排放有负向影响，物流企业的发展水平越高，碳排放越少、越能促进物流企业的低碳化发展。

假设5：物流需求的增长对物流服务的碳排放有正向影响，物流需求增长越快，碳排放越多。

3.4.3.2 数据来源与变量设定

能源结构可以用某一具体能源的消耗量在总能源消耗量的比重表示，具体到物流企业以油料非再生为主的能源结构，可以表示为 x_1 物流企业油料能源消耗量占物流企业总能源消耗量的比重；物流企业的能源效率用 x_2 单位物流增加值能耗表示；物流企业的发展水平用 x_3 物流费用占 GDP 比率表示；用 x_4 单位 GDP 物流需求系数反映物流需求的增长，以及用 y 物流企业的碳排放量表示碳排放。

以上变量的计算涉及如下指标：物流企业油料能源消耗量、物流企业能源消耗量、物流增加值、物流费用、GDP、物流产值、物流企业煤炭和天然气单一能源消耗量以及每一能源的碳排放系数等。具体指标与变量的关系如表 3-13 所示：

表 3-13　变量设定与计算

主要影响因素	变量表示	涉及指标
物流企业以油料非再生为主的能源结构	x_1 物流企业油料能源消耗量占物流企业总能源消耗量的比重	物流企业油料能源消耗量、物流企业能源消耗量
物流企业的能源效率	x_2 单位物流增加值能耗	物流企业能源消耗量、物流增加值
物流企业的发展水平	x_3 物流费用占 GDP 比率	物流费用、GDP
物流需求的增长	x_4 单位 GDP 物流需求系数	GDP、物流产值
物流企业的碳排放	y 物流企业的碳排放量	物流企业煤炭、石油和天然气单一能源消耗量、每一能源的碳排放系数

资料来源：作者整理。

以上具体指标数值主要根据相关年度的《中国统计年鉴》《中国物流年鉴》《中国能源年鉴》以及国家发展和改革委员会、国家统计局、中国物流与采购联合会联合公布的《全国物流运行情况通报》进行收集和整理，设定的五个变量根据相关指标的数据进行计算。

由于国内物流业发展较晚，以上涉及的指标完整的统计时间是从 1991 年开始，2008 年至今还缺少部分数据，故鉴于数据的可得性，本研究主要统计了上述指标在 1991—2007 年 17 年间的数据，根据相关指标分别计算了相关变量。同时利用 SPSS 15.0 的外挂软件 AMOS 7.0 对以上变量进行了路径分析。

3.4.3.3　模型构建

根据 SPSS 15.0 外挂软件 AMOS 7.0 的执行程序，主要通过以下步骤构建模型：

(1)建立路径模型图

根据研究假设，利用 AMOS 的浮动工具，绘制初始路径模型图。具体初始路径模型图，如图 3-8 所示。

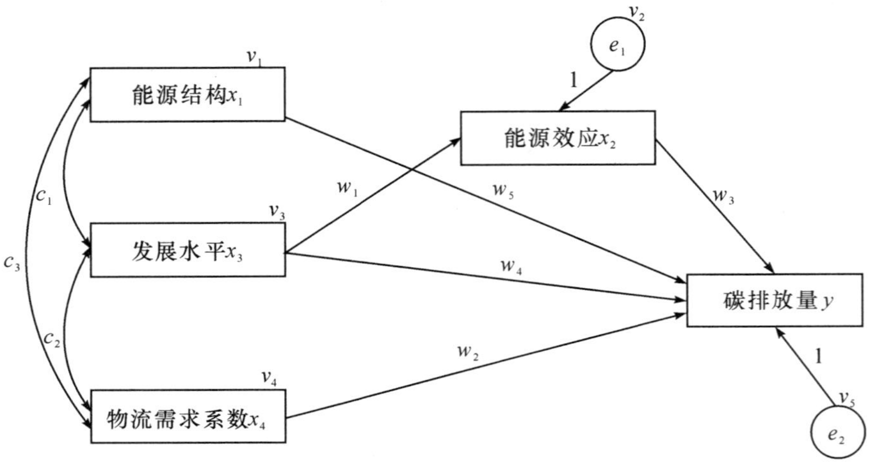

图 3-8 物流企业高碳排放影理初始模型

资料来源:作者整理绘制。

在初始模型图中,单向箭头表示因果关系,双向箭头表示不能确定因果指向的相关关系,e_1、e_2 代表残差,表示不能被路径图中变量所解释的部分。模型中共有 7 个变量,其中可观测变量 5 个,分别为 x_1、x_2、x_3、x_4 和 y,即 $p=5$,不可观测的残差变量 2 个,e_1 和 e_2,也即 $q=2$。可观测变量中,内因观察变量有 2 个,分别为 x_2 和 y;外因观察变量有 3 个,分别为 x_1、x_3 和 x_4。待估参数共有 15 个,即 $t=15$,包括 7 个回归系数参数、3 个协方差和 5 个方差。回归系数参数中有 5 个待估计的路径系数参数,分别 w_1、w_2、w_3、w_4 和 w_5,2 个固定参数,其参数值路径系数固定为 1;3 个协方差,依次为 c_1、c_2 和 c_3;5 个方差,分别为 v_1、v_2、v_3、v_4 和 v_5。根据 T 法则,$T<(p+q)(p+q+1)/2$ 即为可识别模型,本模型的 T 为 15,$(p+q)(p+q+1)/2=18$,15 小于 18,故设定的模型是可识别。

预测变量 x_1 对效标变量 y 的直接效果路径为 w_5,预测变量 $xv2$ 对效标变量 y 的直接效果路径为 w_3,预测变量 x_3 对效标变量 y 的直接效果路径为 w_4,对效标变量 x_2 的直接效果路径为 w_1,预测变量 x_4 对效标变量 y 的直接效果路径为 w_2。图中有 5 条路径,所以直接效果项有 5 个,上述路径图的直接效果用回归方程式可以表示为:

$$x_2=w_1x_3+e_1 \tag{3-17}$$

$$y=w_3x_2+w_5x_1+w_4x_3+w_2x_4+e_2 \tag{3-18}$$

间接效果是预测变量通过中介变量对效标变量的影响，间接效果值等于所有直接效果的路径系数相乘所得的积，即直接效果值的连乘积的数值大小表示间接效果值。图中间接效果影响路径有1条，外因变量 x_3 通过变量 x_2 而对内因变量 y 产生影响，其间接路径为：$x_3 \rightarrow x_2 \rightarrow y$，间接效果值 $= w_1 \times w_3$，总效果值等于直接效果值加上间接效果值，可以表示为 $w_4 x_3 + w_1 w_3$。

上述五个变量的路径分析模型的各效果项，归纳如表3-14。

表3-14　模型中的各效果项

变量	x_1	x_2	x_3	x_4
直接效果				
x_2			w_1	
y	w_5	w_3	w_4	w_2
间接效果				
y			$w_1 w_3$	
总效果				
y	$w_5 x_1$	$w_3 x_2$	$w_4 x_3 + w_1 w_3$	$w_2 x_4$

资料来源：作者整理。

(2)开启数据文件，界定变量名称

开启数据文件读入观察变量，开启对象属性对话窗口，分别界定观察变量名称和误差变量的变量名称，同时开启分析属性勾选要呈现的统计量。

(3)估计模型

按计算估计值执行模型的估计，AMOS有一个突出的优点是理论模型没有界定错误，在模型方盒中则会显示卡方值、自由度与相关统计量，若模型无法识别，或假设模型协方差矩阵与样本协方差矩阵差异太大，则模型无法收敛，程序停止运行。通过计算估计值，预设模型验证通过，显示模型的适配度卡方值为2.647，自由度为2，显著性概率值为0.266，由于显著性概率值未达0.05的显著水平，因此接受虚无假设，表明观察数据的 S 矩阵与假设模型隐含的 $\Sigma^{\wedge}$ 矩阵相契合，即观察数据与假设模型间可以适配。

预设模型获得验证通过后，输出结果即可显示路径图，具体图示如图 3-9 所示，模型图中显示的是未标准化估计值的参数，从图中方差值来看，没有出现负值，表明模型估计的参数合理，排除模型估计有不合理参数的存在。

同时从表 3-15 路径分析参数与检验值来看，C. R. 临界比值的绝对值均大于 1.96，表示 5 条路径都达到 0.05 的显著水平。此外，从 p 值来看，均小于 0.05，表明表中 5 条直接效果的回归系数均达到显著水平。

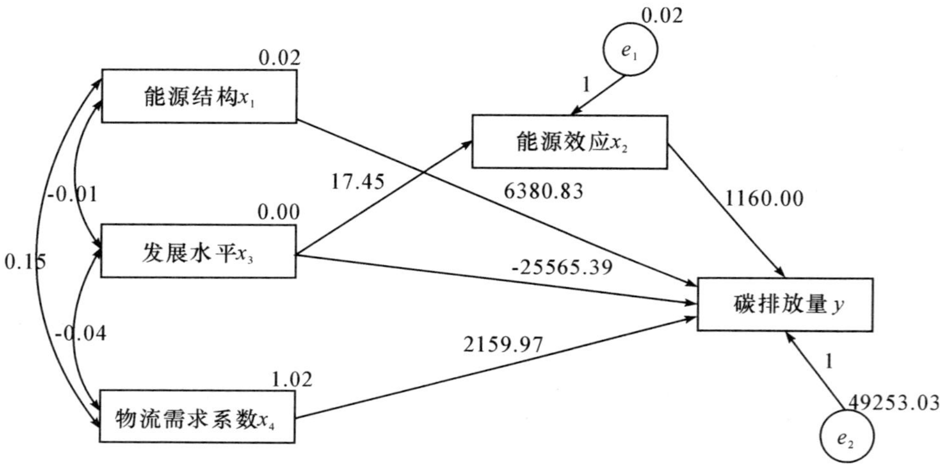

图 3-9 物流企业高碳排放影理路径

资料来源：作者整理绘制。

表 3-15 路径分析参数与检验

路径	Estimate	S. E.	C. R.	p	Label
能源效率 x_2←发展水平 x_3	17.452	3.116	5.6	***	par_5
碳排放量 y←物流需求增长 x_4	2159.975	176.676	12.226	***	par_6
碳排放量 y←能源效率 x_2	1159.998	260.141	4.459	***	par_7
碳排放量 y←发展水平 x_3	−25565.39	12576.365	−2.033	0.042	par_11
碳排放量 y←能源结构 x_1	6380.829	3163.979	2.017	0.044	par_12

注：*** 表示 $p<0.001$，即在 1%的水平下显著。

资料来源：作者整理。

3.4.3.4　模型的检验

从模型执行结果的输出估计值内容来看，详细结果列示在附录 2 路径分析输出结果中，具体从以下几个方面进行检验：

(1)从输出结果来看，外因变量间的协方差和方差均通过显著性检验。具体来说，能源结构与发展水平两外因变量间的协方差 p 值为 0.006，发展水平与物流需求增长两外因变量间的协方差 p 值等于 0.015，能源结构与物流需求增长两外因变量间的协方差 p 值也为 0.015，3 个外因观察变量间的协方差均达到 0.05 显著水平。同时，五个外因变量间的方差也没有出现负数，且 p 值均为 0.005，同样达到 0.05 显著水平。

(2)依变量的多元相关系数的平方，即 R^2 值较大。物流企业发展水平外因变量对能源效率依变量所进行的复回归分析的多元相关系数平方为 0.662，表示依变量可以被自变量解释的变异量为 66.2%；而能源结构、物流需求增长、物流企业发展水平和能源效率四个变量对碳排放量变量所进行的复回归分析的多元相关系数平方为 0.979，也即四个变量对依变量解释的变异量为 97.9%，无法解释的变异量仅为 2.1%。

(3)样本协方差矩阵与假设模型导出的隐含协方差矩阵间的差异值较小。在残差矩阵中，矩阵中的数值都比较小，数值中最大值仅为 0.49，残差矩阵的数值较小，表示观察数据所得的协方差矩阵与假设模型导出的隐含协方差矩阵间的差异越小，假设的理论模型与实际数据愈适配。

(4)修正指标内容中并未呈现修正指标值。在整体模型适配度检验时，根据修正指标修正与期望参数改变值可以对假设理论模型做适度修正，若整体模型适配度不佳或有路径系数不显著，可考虑将不显著的路径系数删除，并依据修正指数值增列部分遗漏的路径。但预设模型输出结果中并未出现修正指标值，表示假设模型与样本数据可以契合，因此不需考虑增删路径系数。

(5)模型适配度统计量达到判断标准值。在预设模型适配统计量中，适配度指数 GFI 等于 0.943，规范拟合指数 NFI 为 0.981，非规范拟合指数 NNFI 为 0.975，比较拟合指数 CFI 为 0.995，相对适配指数 RFI 为 0.904，增值适配指数 IFI 等于 0.995，以上模型适配统计量均大于判断标准 0.9,表明整体模型的适配情形较好,假设模型与实际数据可以适配。

综上,通过以上对显著性、R^2、样本协方差矩阵与假设模型导出的隐含协方差矩阵间的差异值、修正指标值以及模型适配度统计量的检验,可以得出最终结论:整体模型的适配情形和拟合较好,模型通过验证。

3.4.3.5 影响效应

在路径分析中,各外因变量对内因变量影响的总效果值一般用标准化的总效果值表示,总效果值等于直接影响效果值加上间接影响效果值。模型设计中外因变量有四个,分别为能源结构、能源效率、物流企业发展水平和物流需求增长,内因变量有能源效率和碳排放量两个。四个原因变量对碳排放量结果变量产生的直接影响效果值依次为 0.264、0.278、−0.286 和 0.706,物流企业发展水平对能源效率的直接影响效果值为 0.814,对碳排放量的间接影响效果值为 0.226。综合汇总以上直接影响效果值和间接影响效果值,即可得出各外因变量对内因变量的总影响程度,汇总后能源结构对碳排放量的总影响效果值为 0.264,能源效率对碳排放量的总影响效果值为 0.278,物流企业发展水平对碳排放量的总影响效果值为 −0.059,而物流需求增长对碳排放量的总影响效果值高达 0.706。具体数据如表 3-16 所示。

此外,表中还将各原因变量对碳排放结果变量的总影响程度进行了排序。通过对比总影响效果值,发现物流需求增长对碳排放的总影响效果值最大,表明物流需求增长对碳排放的影响程度最大,能源效率对碳排放的总影响排序中位居第二,能源结构对碳排放的总影响效果值紧跟其后,在总影响排序中排名第三,而物流企业发展水平虽然对碳排放的间接影响程度较大,间接影响效果值为 0.226,但对碳排放的直接影响程度相对较小,故综合总影响效果程度较小,排名第四。

表 3-16 模型变量的影响效应

原因变量	结果变量	直接影响	间接影响	总影响	总影响排序
能源结构	能源效率	0	0	0	3
	碳排放量	0.264	0	0.264	

续表

原因变量	结果变量	直接影响	间接影响	总影响	总影响排序
能源效率	能源效率	0	0	0	2
	碳排放量	0.278	0	0.278	
发展水平	能源效率	0.814	0	0.814	4
	碳排放量	−0.286	0.226	−0.059	
物流需求增长	能源效率	0	0	0	1
	碳排放量	0.706	0	0.706	

资料来源：作者整理。

3.4.3.6 研究结果

路径分析结果显示，物流企业的能源结构、能源效率、发展水平以及物流需求增长诸因素对物流企业的碳排放均产生影响，按影响大小依次为物流需求增长、物流企业的发展水平、物流企业的能源效率和物流企业的能源结构。

(1)物流企业以油料非再生为主的能源结构对物流企业的碳排放有直接正向影响关系，支持假设1。能源结构 x_1 对碳排放量 y 的标准化路径系数为0.264，表明能源结构 x_1 对碳排放量 y 有显著直接正相关关系，物流企业所消耗的能源中油料非再生能源所占比重越大，碳排放量就越多、就越妨碍物流企业的低碳化发展。物流企业要实现低碳化发展，改善以油料非再生为主的能源结构是必然要求。

(2)物流企业的能源效率对物流企业的碳排放有直接正向影响关系，支持假设2。能源效率 x_2 对碳排放量 y 的标准化路径系数为0.278，表明物流企业的能源效率与碳排放量 y 呈显著的直接正相关关系，单位物流产值所消耗的能源越少，相应碳排放量也越少。因此，降低物流企业单位产值的能耗，是物流企业低碳化发展的路径之一。

(3)物流企业的发展水平对物流企业的能源效率有正向影响关系，支持假设3。发展水平 x_3 对物流企业的能源效率 x_2 的标准化路径系数为0.814，影响值较大，说明物流企业的发展水平对物流企业的能源效率具有显著的正相关关系，物流企业的发展水平越高，物流企业的能源利用就越充分、效率越高，单位产值所消耗的能源也越少。

(4)物流企业的发展水平对物流企业的碳排放有负向影响关系，支持假设 4。发展水平 x_3 对碳排放量 y 的标准化路径系数为 -0.286，说明物流企业的发展水平与碳排放量之间呈负相关关系，也即物流企业的发展水平越高，碳排放就会越少、越能促进物流企业的低碳化发展。提升物流企业的发展水平同样为物流企业低碳化发展的必要道路。

(5)物流需求的增长对物流企业的碳排放有正向影响关系，支持假设 5。物流需求增长 x_4 对碳排放量 y 的直接影响值高达 0.706，物流需求增长对碳排放量的影响不仅在直接影响效应中，而且在总影响效应中均排序第一，说明物流需求增长与物流企业的碳排放量呈非常显著的正相关关系。表明物流需求增长越快，碳排放越多，如何在满足经济发展对物流需求的增长前提下，又保持物流企业的低碳化发展是一个难解之题，进行物流流程优化、提高信息化管理水平等是必然之选。

3.5 本章小结

根据物流业的能源消耗量对物流服务的碳排放进行了估算，测算结果显示，物流业 1980—2007 年近 28 年来碳排放量与能源消费量的变化趋势基本保持一致，均呈逐年递增趋势，但与能源消费量的变化趋势相比，碳排放量上升趋势并非严格的递增趋势，总趋势呈递增趋势，增长中有小幅下降调整。

使用 SPSS 15.0 对物流服务 1980—2007 年的碳排放量和产值进行了二次多项式和三次多项式模型拟合与选择，回归分析结果显示三次模型可以较好地描述物流服务碳排放量与产值增长之间相依关系，同时物流企业产值不断上升的过程中，因变量碳排放量呈先增加，后减少，继而又大幅增加趋势，根据 EKC 模型理论可以得出如下结论：我国物流服务的发展与碳排放呈 N 型曲线关系。

针对回归分析结果，基于 EKC 模型分析，发现目前我国物流服务的发展与环境之间存在不协调性，仍处于两难区间，碳排放量还没有达到阈值点，未来一段时期碳排放量还会增长，物流业面临着巨大的减排压力。通过对物流服务碳排放量的估算以及现状的研究，可以发现物流服务的碳排放具有阶段性、非协调性和增长性特征。

采用迪氏对数指标(LMDI)分解法,从物流业的生产规模、生产结构、能源结构、能源效率和碳排放强度五个方面构建物流服务高碳排放的分解模型,分别考察物流服务由于生产规模扩大或缩小产生的生产效应、由生产结构调整导致碳排放变化的生产结构效应、能源结构变化引起碳排放变化的能源结构效应、能源效率提高或降低产生的能源效率效应以及碳排放强度变化而引起的强度效应。

从各影响效应来看,物流服务碳排放强度、能源效率和能源结构是抑制碳排放的力量,生产规模和生产结构是拉动碳排放的因子,由于抑制作用有限,抑制贡献率和拉动贡献率差距较大,抑制作用不能抵消拉动作用,因此各影响因素的总效应总体呈上升趋势、物流服务的碳排放仍在不断增长。

通过分析物流服务碳排放因素分解的判断矩阵,发现物流业生产规模扩大是导致碳排放增加的主要原因、物流业生产结构不均衡是产生高碳排放的另一个主要原因、物流业以石油化石能源为主的能源结构是高碳排放的根本原因、物流服务的能源效率较低抑制了碳减排速度,即物流业生产规模不断增大、生产结构不均衡、以石油化石能源为主的能源结构和能源效率较低是物流服务高碳排放的原因。

在总结物流服务高碳排放的影响因素的基础上,根据物流业历年统计数据,构建通径分析模型,路径分析结果显示,物流业的能源结构、能源效率、发展水平以及物流需求增长诸因素对物流服务的碳排放均产生影响,其中物流业以油料非再生为主的能源结构、能源效率、物流需求的增长对物流服务的碳排放有直接正向影响关系,物流需求的增长对物流服务的碳排放影响效应最大;物流业的发展水平对物流服务的能源效率有正向影响关系,对物流服务的碳排放有负向影响关系。物流服务要实现低碳化发展,改善以油料非再生为主的能源结构、降低物流服务单位产值的能耗、提升物流服务的发展水平以及进行物流流程优化、提高信息化管理水平等是必然要求。

第4章 物流服务碳排放的企业考察

虽然发展低碳经济的口号已提出整十年，但是国内水、空气以及食品等基本生活资料污染事件频发，意味着低碳目标与现实差距较大。我国正在制定碳排放绝对值上限，物流作为能源消耗量较大的行业，低碳物流不可避免地备受关注。如何测量和比较企业的低碳化水平不仅是一个经济学理论和方法问题，也是一个重要的政策选择问题，因为碳污染状况的分析以及低碳治理政策的制定，都是以企业个体低碳化水平的测量和比较为基础的。不仅如此，企业环境行为影响因素的研究也处于纷争阶段，鉴于此，本章通过系统梳理文献，制定调查问卷，并利用问卷调查获得的数据，通过识别研究物流企业低碳行为的特征，分析各种社会和企业个体变量对低碳物流行为的影响。物流企业低碳化发展的关键影响因素，以寻求改善低碳物流行为的有效途径。

4.1 文献回顾与研究假设

从效用来看，低碳物流是一种环境行为，关于环境行为及其影响因素学者提供了众多经典研究框架。Ajzen 等(1985，1986，1991)提出理性行为理论并修订完善为计划行为理论，因其对一般行为的决策过程具有很好的解释力，成为社会心理学领域的经典理论。计划行为理论认为行为意愿是行为的直接决定因素，行为意愿对行为的决定，只有在个体对实施行为的能力、机会、资源等条件在可控的情况下进行，而行为态度、主观规范、感知到的行为控制是决定行为意愿的三个主要因素。

Stern(1994,1999,2000)建立了价值—信念—规范理论,聚焦于环保行为的形成过程,在阐明环境价值观类型和作用的基础上,明确了价值观、信念、规范等主观变量对积极环境行为的作用关系,认为环境价值观、信念和规范三种力量的连续作用可以解释环境行为。此理论提出后被诸多实证研究所证实,为研究环境行为开辟了新视角。

Ajzen 和 Stern 都关注了规范和信念对环境行为的影响,虽然影响路径不同,但均为内部认知变量。Guagnano 等(1995)则着重突出了外部情况因素的作用,其著名的 ABC 理论模型认为态度(A)和环境(C)对行为(B)的作用依赖于他们相对于彼此的价值而非各自本身的价值,当外部情况因素较为积极时,环境行为就普遍发生,环境行为是行为态度和外部条件共同作用的结果。

后来众多学者基于以上经典研究框架对影响变量展开研究,研究的方向包括:环境态度与环境行为之间的关系、个性因素与环境行为之间的关系以及情境因素与环境行为之间的关系。具体来说:

4.1.1　环境态度与环境行为之间的关系

基于新制度主义理论视角的学者,非常认可制度环境中的外部规范、价值观、传统等因素,认为能给场域内的组织带来趋同压力。Dunlap(2002)在新环境范式中将环境态度定义为对生态环境的普遍关注和信念,许多学者采用 NEP 量表调查发现环境态度与环境行为具有显著的相关性,如 Schultz 等(1999)、Thogerson(2006)发现积极的环境态度对环境行为具有显著的促进作用。环境态度中学者关于环境责任感和环境价值观的研究,非常一致地支持环境责任感、环境价值观对环境行为的正向作用关系,Stern(1999)的 VBN 理论明确提出环境价值观是影响环境行为的重要前因,只是对环境责任感作用路径上存在着差异。主要有三种观点,认为环境责任感直接影响环境行为、认为环境责任感需要中介变量间接影响环境行为、认为环境责任感对环境行为存在直接和间接两种路径关系。

基于以上分析,提出本研究的第一组研究假设:

H1:物流企业的环境态度显著影响低碳物流行为。

H1a:物流企业的环境价值观越强,越有利于实施低碳物流。

H1b:物流企业的环境责任观越强,越有利于实施低碳物流。

4.1.2 个性因素与环境行为之间的关系

基于组织和管理理论视角的学者着力研究了企业内部,关注企业个性特征与环境行为之间的关系。研究思路包括:(1)态度—行为路线。学界以行为为导向,通过对环境行为进行实证研究,研究发现环境行为意愿是环境行为的直接影响因素或高阶潜变量。Kaise 等(1999)通过对瑞士 3000 个样本的调查发现环境行为意愿与生态行为之间存在着很强的正相关性,企业环境行为意愿对环境行为的解释力高达 70%。Andersson 等(2000)、Waldman 等(2008)的研究则发现企业成员尤其是领导人的环境意识越高,采用良好环境行为的可能性就越大。(2)资源、能力—行为路线。Gamero 等(2008)基于资源基础观研究发现,企业的互补性资源和能力通过影响管理者的商业伦理态度,进而影响企业的环境战略与相关行为。而 Lin 等(2010)关注自我感知能力,以中国台湾地区中小企业为样本,发现感知的环境不确定性会对企业采取环境行为产生负向影响。(3)心理—行为路线。有学者关注环境行为的经济过程,发现威慑作用下企业倾向于环境行为,从众心理比态度更好地解释环境行为。

基于以上分析,提出本研究的第二组研究假设:

H2:物流企业的个性变量显著影响低碳物流行为。

H2a:物流企业的环境从众心理越强,越有利于实施低碳物流。

H2b:物流企业的低碳相关知识越丰富,越有利于实施低碳物流。

H2c:物流企业的低碳行为意愿越强,越有利于实施低碳物流。

H2d:物流企业的自我效能感越强,越有利于实施低碳物流。

H2e:物流企业的低碳行为能力越强,越有利于实施低碳物流。

4.1.3 情境因素与环境行为之间的关系

Hines 等(1986)提出了负责任的环境行为模型,不仅验证了行动技术、行动策略知识和环境问题知识对环境行为有显著影响,还提出经济条件、社会压力、是否有机会从事环境行为等情境因素是实施环境行为的重要外因。学者从不同角度探讨了外部环境压力对企业环境行为的影响，如 Biglan(2009)发现环境规制制度、政府的强规制可以影响到环境行为，迫使企业将环境外部成本内部化到自身的生产成本中；Garling 等(2003)、方淼(2008)研究发现社会规范产生的压力对环境行为有显著影响，李时兴(2012)在探讨环境库兹涅茨曲线的形成机制过程中，验证了技术的进步与成熟对污染物的排放起到了有效的抵制作用。

基于以上分析，提出本研究的第三组研究假设：

H3：情境因素显著影响低碳物流行为。

H3a：物流企业付出的低碳经济成本越大，越促进低碳物流。

H3b：物流企业面临的低碳社会规范约束越大，越促进低碳物流。

H3c：低碳政策法规越有引导力，越促进低碳物流。

H3d：低碳技术成熟度越高，越促进低碳物流。

4.2　量表设计

本章研究量表的设计主要来自两个方面：一是借鉴国外已有的成熟研究量表，根据我国物流企业的实际情况进行了本土化修改；二是通过专家访谈和企业访谈，根据研究变量的概念界定，把变量操作化，自行开发测量量表。环境价值观、环境责任感、自我效能感、低碳行为意愿、经济成本、社会规范、政策法规以及技术成熟度等变量，国外已经形成比较成熟的量表，因此借鉴后通过本土化修正后使用。从众心理、低碳行为能力等变量国外的研究尚未引入企业环境行为研究，但与我国企业所处的经济社会发展和文化价值观相关，具有本土特色，结合企业和专家访谈情况自行开发量表。此外低碳物流行为无成熟的量表，本章从运作角度分低碳投入和低碳运营两方面考虑开发测量题项。

为确保量表具有较好的内容效度，将初始量表进行了小范围的预调查，运用 SPSS 17.0 软件对预测量表的信度和效率进行检验，对变量量表 a 系数低于 0.5 的变量重新进行设计，删除量表中不合适的指标题项(因子 Alpha 系数小于 0.6、项目与总体相关系数小于 0.3)，形成最终问卷。

最终问卷一共有三个部分，第一部分是低碳物流行为量表，重点考察了物流企业的低碳投入行为和低碳运营行为，共 10 个题项，这两个变量是在企业初期调查时，通过企业家访谈获得确认。第二部分是低碳物流影响因素量表，包括环境态度、企业个体特征和情境因素，共 41 个题项，其中环境态度包括环境价值观、环境责任感和从众心理三个变量，分别参考了 Dunlap(2000)、Garling(2003)以及 Tanner(2003)等的量表，并进行了本土化修改；企业个体特征包括低碳相关知识、低碳行为意愿、自我效能感和低碳行为能力四个变量，量表设计分别参考了 Frick(2004)、Chan(2001)、Sherer(1982)等的量表，同时本土化修改；情境因素包括经济成本、社会规范、政策法规和技术成熟度四个变量，参考的量表分别为 Stern(1999,2000)、孙岩(2007)、杨洪刚(2009)等。第三部分是个人基本信息，共 8 个题项。问卷的第一、二部分题项采用了 Linkert 5 级量表进行测量。

正式问卷的发放，主要利用亲朋关系通过电话、邮件、走访企业等方式对浙江省的 198 家物流企业进行调查，企业类型涵盖运输类、仓储类、综合类物流企业，调研对象包括物流企业的高管和普通员工，共发放问卷 550 份，在调查期内回收 400 份，问卷回收率 72.7%，对问卷进行甄选后得到有效问卷 305 份，有效问卷回收率达 55.45%。

4.3 实证分析

4.3.1 量表的科学性检验

建构效度检验，首先对低碳物流行为、企业环境态度、企业个性特征以及情境因素四个变量的 KMO 值和 Bartlett's 球形进行检验，四变量的 KMO 值分别为 0.856、0.821、0.704 和 0.804，KMO 值在 0.7 以上，并通过 Bartlett's 球形检验，总的方差解释率依次为 60.93%、65.68%、76.97%和 72.20%，说明量表适合进行因子分析。其次采用主成分分析方法分别对 4 个变量进行方差最大化正交旋转，根据特征根大于 1 的标准，低碳物流行为和企业环境态度变量都可提取 2 个主因子、企业个性特征变量可提取 5 个主因子、情境因素变量可提取 4 个主因子。最后比较因子载荷，各个测量指标的载荷在各自因子上的 a 系数均大于 0.5，而在其他因子上的载荷均小于 0.5，表明量表的收敛效度和区别效度均能满足要求，建构效度较好。

信度检验需分析各量表的 Cronbach's a 系数，低碳物流行为、企业环境态度、企业个性特征以及情境因素四变量的 Cronbach's a 系数依次为 0.735、0.749、0.872 和 0.815，Cronbach's a 系数均在 0.6 以上，因此量表具有较好的可靠性。

4.3.2　问卷的描述性分析

从低碳物流行为与各影响因素的描述总体来看（见表 4-1），低碳物流行为均值在 4 以下，表明物流企业的低碳行动水平一半做到至大多数做到之间的状态，得分总体偏低，低碳物流环境行为实施情况不理想。三类影响因素中情境因素得分最高，情境因素中 4 个变量的指标题项均值都在 3.9 以上，显示外部情境因素对低碳物流行为有显著的影响。

表 4-1　各变量的描述性统计

变量	均值	标准差	变量	均值	标准差
低碳投入	3.83	0.47	自我效能感	3.86	0.1
低碳运营	3.27	0.59	低碳行为能力	3.21	0.33
环境价值观	3.69	1.06	经济成本	3.91	0.35
环境责任感	3.41	0.15	社会规范	4.14	0.27
从众心理	3.75	0.29	政策法规	4.18	0.19
低碳相关知识	3.45	0.22	技术成熟度	4.23	0.16
低碳行为意愿	3.94	0.17			

相比企业更注重低碳投入行动，而低碳运营行动较为薄弱，原因可能与环境责任感不强、低碳相关知识少和低碳行为能力弱有关，三者在影响因素中得分最低。而低碳行为意愿的均值在 3.94，表示物流企业在低碳经济背景下，对于实施低碳物流行为有比较强的整体意愿，其他依次排序为自我效能感、从众心理和环境价值观，反映出物流企业对自己从事低碳物流行为自我能力的认知尚处于中等水平，低碳物流行为或多或少都会受到相关方的影响、具有从众倾向，企业有较积极的利他、生态型环境价值观。

4.3.3 低碳物流行为与影响变量的相关分析

从低碳物流行为与各影响因素的相关关系来看(见表4-2),三大类11个影响变量均与低碳物流行为存在相关关系,除经济成本外,其余变量与低碳投入行为、低碳运营行为均为正相关关系,而且显著水平在0.01上相关,经济成本与低碳投入行为在0.05水平上显著相关。

从相关程度来看,与低碳投入行为相关性最高的变量依次为政策法规、社会规范、环境价值观、从众心理等,反映出物流企业低碳投入方面主要是外推型行为,外界的引导和压力是主要促进物流企业进行低碳投入的力量,此结论进一步印证了变量均值反馈的结果;与低碳运营行为相关性最高的变量为低碳行为能力、自我效能感、低碳行为意愿、社会规范、从众心理等,表明物流企业低碳运营方面主要是内拉型行为,与低碳投入一次性行为不同,低碳运营是个持续性过程行为,运营效果取决于企业个体的运作,企业个体特征变量影响明显,中间贯穿外部影响因素的影子;与两类环境行为都显著相关的变量是社会规范和从众心理,很明显反映出国内企业的文化特色。

4.3.4 回归分析

运用逐步多元回归对两类低碳物流行为进行分析,依据标准化系数β值分别筛选出最有影响力和解释力的变量。在显著水平小于0.05时,其中低碳投入行为的主要影响变量依次为政策法规、低碳行为意愿、从众心理、低碳相关知识、环境责任感、经济成本、自我效能感、环境价值观、技术成熟度和低碳行为能力。影响低碳投入行为的首要因素是外部情境因素,其次是企业个体特征要素,影响路径是由外部推力推动、内部低碳意向转化、投入软硬件资源匹配时,物流企业低碳投入行为得以实施。而低碳运营行为的主要影响变量为低碳行为能力、低碳行为意愿、从众心理、社会规范、政策法规、自我效能感、经济成本和环境价值观,低碳运营行为的实施得力于企业内力拉动,企业个体特征影响最大,其次是情境因素,影响方式是内部资源和低碳意愿具备、外力推动共同筑就低碳运营行为。具体数据如表4-3所示。

表 4-2　低碳物流行为与各影响因素的相关系数矩阵

	1	2	3	4	5	6	7	8	9	10	11	12	13
低碳投入	1												
低碳运营	0.046	1											
环境价值观	0.351**	0.265**	1										
环境责任感	0.288**	0.304**	0.323**	1									
从众心理	0.300**	0.424**	0.06	0.041	1								
低碳相关知识	0.237**	0.167**	0.044	−0.044	0.009	1							
低碳行为意愿	0.170**	0.533**	0.213**	0.654**	0.386**	0.306**	1						
自我效能感	0.170**	0.563**	0.076	0.048	0.349**	0.108	0.235**	1					
低碳行为能力	0.173**	0.588**	0.079	0.249**	0.139*	0.427**	0.392**	0.460**	1				
经济成本	0.103*	0.165**	0.125*	0.057	0.387**	−0.087	0.205**	0.307**	0.134*	1			
社会规范	0.388**	0.448**	0.372**	0.254**	−0.002	−0.078	0.411**	0.335**	0.253**	0.179**	1		
政策法规	0.465**	0.374**	0.279**	0.311**	0.405**	0.318**	0.593**	0.11	0.347**	0.353**	0.379**	1	
技术成熟度	0.252**	0.235**	0.154**	0.009	0.592**	0.195**	0.208**	0.351**	0.032	0.539**	0.112	0.389**	1

注：** 表示在 0.01 水平(双侧)上显著相关，* 表示在 0.05 水平(双侧)上显著相关。

表 4-3 低碳投入、运营行为作为因变量的回归分析

进入的变量	因变量					
	低碳投入行为			低碳运营行为		
自变量	标准化回归系数 β	t 值	Sig.	标准化回归系数 β	t 值	Sig.
(常量)		−0.752	0.006		−4.745	0.000
政策法规	0.71	13.52	0.000	0.166	3.659	0.000
低碳行为意愿	0.59	8.85	0.000	0.331	7.863	0.000
从众心理	0.344	6.352	0.000	0.331	7.287	0.000
低碳相关知识	0.278	4.733	0.000			
环境责任感	0.274	4.522	0.000			
经济成本	0.197	4.602	0.000	0.121	3.055	0.002
自我效能感	0.185	4.008	0.000	0.158	3.684	0.000
环境价值观	0.16	4.204	0.000	0.088	2.393	0.017
技术成熟度	0.119	2.063	0.040			
低碳行为能力	0.096	1.993	0.047	0.333	8.09	0.000
社会规范				0.263	6.141	0.000

总结以上分析，假设 H1、H2 和 H3 均为部分成立。假设 H1 中 H1a 物流企业的环境价值观越强，越有利于实施低碳物流成立，H1b 物流企业的环境责任观越强，越有利于实施低碳物流仅对低碳投入行为成立，但对低碳运营行为不成立。假设 H2 中 H2a 物流企业的环境从众心理越强，越有利于实施低碳物流成立；H2c 物流企业的低碳行为意愿越强，越有利于实施低碳物流成立；H2d 物流企业的自我效能感越强，越有利于实施低碳物流亦成立；H2e 物流企业的低碳行为能力越强，越有利于实施低碳物流同样成立；H2b 物流企业的低碳相关知识越丰富，越有利于实施低碳物流仅对低碳投入行为成立，对低碳运营行为不成立；假设 H3 中 H3a 物流企业付出的低碳经济成本越大，越促进低碳物流成立；H3c 低碳政策法规越有引导力，越促进低碳物流亦成立；H3b 物流企业面临的低碳社会规范约束越大，越促进低碳物流，仅对低碳运营行为成立；H3d 低碳技术成熟度越高，越促进低碳物流，仅对低碳投入行为成立。

4.4　研究结论与建议

实证研究结果部分验证了三类影响因素与低碳物流行为显著相关的假设，由回归分析可知，由于低碳物流具体环境行为存在着较大差异，因而不同低碳物流行为的主要影响因素有所不同，影响程度也存在着差异。

环境态度中，环境价值观与低碳物流行为显著相关，说明环境价值观需渗透到企业环境行为的方方面面，成为主导物流企业低碳投入、低碳运营的指导思想。由于现阶段对与低碳经济相关的科技知识的普及率有限，很多人对此并无清晰的认知和明确的概念，在近代工业革命浪潮的推动下，人与自然之间征服主义、拿来主义大行其道，价值观的偏差体现在微观群体之间，环境价值观的形成和实践存在有相当的阻力。因此需加大企业环境宣传，发挥社会、学校以及民间或官方等众多机构的力量，加大低碳知识和技能方面内容的宣传，从量上持续提高环境教育普及率，质上丰富环境教育的内容，转变环境教育的传统灌输式教育方式，发挥民间环保组织的助推作用，不断拓展环境文化产业链，促进物流企业转变粗放式发展方式，构建企业与自然和谐共同体的环境价值观。

企业个性特征中，低碳行为意愿、低碳行为能力、从众心理与自我效能感与低碳物流行为显著相关，低碳运营行为中低碳行为意愿、低碳行为能力得分最高，说明被调查企业在运营中是内力拉动型低碳行为。未来应加强物流企业环境能力的培养，组织企业观摩学习，交流和推广低碳经验，鼓励企业低碳技术创新，多途径、多方式培育企业环境开发能力、维护能力，提升低碳行为能力。同时健全企业环境污染责任法规，量化环境污染的补偿标准，推进环境污染责任制，赏罚分明维护企业的环境利益，以增强物流企业的低碳行为意愿。

情境因素中，政策法规、经济成本与低碳物流行为显著相关，尤其在低碳投入时政策法规影响显著，成为首要考虑因素，反映出物流企业在低碳投入时是外力推动型行为，未来应继续发挥政策法规在低碳环境中的作用，通过制度的约束作用促使企业增加清洁生产和环境污染治理方面的投资,改进工艺流程,细化和完善低碳法规,制定相应的优惠政策鼓励企业开展与自身生产相关的环保培训和法制宣传,明确低碳税收优惠、补贴等奖励手段和程序,运用税收、补贴、环境立法等经济手段和法律手段,鼓励和引导企业走向积极的环境管理行为,同时加快监测体系的建设,提高对企业环保的不定期检查频率,引导企业低碳投入、运营,为企业低碳物流提供保障。

第5章　美、日、德主要发达国家低碳物流的经验与启示

5.1　引言

从低碳经济在美国的首先提出，到《京都议定书》国际上存在的争议，再到哥本哈根协议的通过，低碳经济下物流企业实现低碳化发展已经成为国家和物流企业的普遍共识和迫切要求。20 世纪 80 年代以后，发达国家开始注意到采用资源化的方式来处理生产过程的废弃物，但是对是否应该从生产和消费的源头上防止污染产生，则还没有更深刻的认识。企业界的探索也同样如此。伴随认识的加深，末端治理不能从根本上解决污染产生和防治问题，自然要从源头和过程方面去寻找解决的途径，从产生污染的经济发展模式上去寻找解决问题的根本办法。环境污染的源头预防和全过程治理开始代替末端治理，成为发达国家环境与发展政策的主流，发达国家的物流企业亦采取源头预防和全过程治理方式尝试低碳和去碳化发展。

美国是最早提出"物流"概念并将其付诸实践的国家之一，第三方物流公司从物流方案开始到货物最终送达用户手中，实施全程无间隙服务，物流已从单纯的降低客户物流成本转变为多方面提升客户价值，已从简单的提供运输、仓储等功能性服务向提供咨询、信息和管理等服务延伸，美国推行绿色新政，物流企业亦吹响绿色号角。日本自 20 世纪 50 年代从美国引进物流概念以来，先是以生产为出发点考虑物流，后来以市场营销为出发点考虑物流，继而又从消费者的角度来考虑物流，在政

府对物流的重视程度、企业物流管理体系、物流基础设施建设、现代化物流发展速度等方面，都有了很大的提高，物流企业实现了快速发展，同时日本也是较早发起和践行低碳的国家。德国同样是世界上最早发展物流业的国家之一，也是较早将现代技术用于物流管理，物流发展水平位居发达国家领先地位，三国物流发展基础优越，在低碳经济提出后率先开展低碳革命，成为物流低碳化的先锋。美、日、德三个发达国家针对物流企业在节能减排、开发和利用可再生能源以及低碳技术与发展方面积累了许多成功经验，其中业已实施的措施和经验值得我们借鉴。本章的主要目的在于通过梳理国外发达国家低碳物流的经验，挖掘出发展低碳物流的可借鉴之处，以推进我国物流企业低碳化发展。

5.2 主要发达国家低碳物流经验

5.2.1 美国低碳物流经验

设定一定的耗能标准。美国环保局（EPA）于 1992 年发起能源之星能源标识计划，加贴“能源之星”标签的产品，就标志着它已经获得了美国能源部和环保署认可的能耗指标，消费者主要依据该标签来选购节能产品。对物流企业来讲，计划的显著效果在于帮助物流企业购买到具有更高能效的办公设备、照明设备，从而降低温室气体排放量。之后，2007 年美国主张实施 10 年 20%（Twenty in Ten）计划，通过强制使用生质酒精和其他替代能源，10 年内将汽油消耗量减少 20%，物流企业开始尝试使用燃料电池、生物燃料等清洁能源。2009 年奥巴马能源新政中对汽车节能提出更严格的新标准，支持强制性的“总量管制与排放交易”制度，促使政府和私营行业大举投资于混合动力汽车、电动车等新能源技术，以 7000 美元的抵税额度鼓励消费者购买节能型汽车，动用 40 亿美元的联邦政府资金支持汽车制造商，为生产使用清洁能源的汽车做准备。

政府注重制定各种激励政策。除了经济奖励，政府还通过税收优惠政策、政府优先采购政策等引导物流企业低碳化发展。2005 年《能源政策法》涉及高达 145 亿美元的各种激励措施，对于普通消费者和中小企业，该法设立了许多颇有吸引力的经济奖励条款。税收优惠政策各州可自主决定。美国亚利桑纳州 1999 年颁布的有关法规中，对分期付款购买回用再生资源及污染控制型设备的企业可减销售税的 10%。美国康奈狄克州对前来落户的再生资源加工利用企业除可获得低息风险资本小额商业贷款以外，州级企业所得税、设备销售税及财产税也可相应减免。此外还有政府优先采购政策，美国几乎所有的州都制定了对使用再生材料的产品实行政府优先购买的相关政策或法规。

积极推进新能源开发。全球金融危机以来，美国将低碳产业作为重振经济的战略选择，选择以开发新能源、发展低碳经济作为应对危机、重新振兴美国经济的战略取向。2009 年奥巴马宣布了“美国复兴和再投资计划”，以发展新能源作为投资重点，计划投入 1500 亿美元，用 3 年时间使美国新能源产量增加 1 倍，到 2025 年，将新能源发电占总能源发电的比例增至 25%。同年美国正式出台了《美国复苏与再投资法案》，投资总额达 7870 亿美元，主要用于新能源的开发和利用，包括发展高效电池、智能电网、碳储存和碳捕获、风能和太阳能等可再生能源。美国政府推行绿色新政与经济刺激计划，配合 2009 年发布的《美国清洁能源法案》，明确规定减少化石能源的使用，开展新能源开发、节能增效等工作。美国对可再生能源的支持体系分为政策层面和经济层面，其中政策层面主要包括各种法律法规，经济层面主要有税收抵免、对生产者和消费者直接补贴、债券和贷款担保等。

大力投资低碳科技研发。奥巴马政府将低碳经济作为未来发展的新引擎，把节能低碳技术的开发和应用视为绿色革命的起点，低碳技术的研发方向集中于能源基础理论与应用，包括太阳能、风能、生物质能、地热能、氢能和核能等新能源技术、智能电网等技术、节能型交通工具和建筑技术以及碳处理技术，即清洁能源技术、节能技术和碳排放处理技术，是一种全面推进的低碳技术发展路线。美国在低碳技术上采取全面发展的路线，既与美国在低碳经济方面所面临的压力有关，又与美国科技政策的传统有关。据美国《科学》杂志报道的 2010 年度美国的财政预算显示，从研发投入的分布来看，基础研究的投入占总投入的 23%，清洁能源的研发投入占总投入的 30%，节能技术的研发投入占总投入的 17%，碳回收技术研发的投入占总投入的 30% 左右。除了政府每年投入大量资金促进技术创新，2009 年美国组建能源高级研究计划署从事对高风险、高收益的研发领域投资，弥补社会研发投入的“真空地带”。截至 2012 年 3 月，能源高级研究计划署已发布五批项目申请目录，涉及太阳能电池、生物燃料、余热回收设备、高效汽车发动机、碳捕捉与封存技术等多个领域，支持研发项目超过 5000 个，取得了众多技术突破，总价值超过 5 亿美元。

5.2.2 日本低碳物流经验

对终端用能产品制定严格的强制性节能标准。从投入角度来看，节能标准为物流企业提供低能耗设备，从产出角度来看，节能标准促进企业提高能效。1998 年日本修改后的《节约能源法》对重点用能企业的责任、政府在节能上的管理职能等做了严格界定，规定企业必须以每年 1% 的速度降低单位产出的能耗，同时还提高了汽车、照明灯、复印机、计算机等产品的节能标准。节能法采用了“领跑者计划”（Top Runner Program），涉及运输企业，其能源消耗持续增长，着力于提高机器和设备的能效，在节能领域设立众多中介机构，包括节能中心、能源经济研究所、新能源和产业技术综合开发机构等，进行节能情况调研，搜集分析相关信息，研究提出政策建议，贯彻落实和组织实施节能政策。通过推广应用现有节能技术，不断改进最新产品的能源转换和性能标准，追求节能的最高标准，此举极大地提高了日本物流企业终端用能产品的能效。

政府积极推动低碳物流政策支持。日本国土交通省和经济产业省设有物流政策室，用于研究和制定物流政策，通过制定综合的物流政策从整体上来指导物流业的发展。2009 年至 2013 年日本内阁通过和不断修正了日本物流产业的纲领性政策文件——《综合物流施策大纲》，其将现代物流产业进行重新定位，并在原有大纲的基础上，根据环境的变化做出进一步的调整和策略推进，把支撑全球化供应链的高效物流、减少环境负担的物流、确保安全的物流作为三大支柱。制定综合性的物流发展政策对本国物流业进行整体指导的同时，还通过专门性法律对物流相关环节进行调整。除了《促进建立循环社会基本法》1 部基本法、《固体废弃物管理和公共清洁法》和《促进资源有效利用法》2 部综合性的法律以及《促进容器与包装分类回收法》《家用电器回收法》《建筑及材料回收法》《食品回收法》及《绿色采购法》5部具体法律法规，除了这些低碳发展法律法规的影响外，日本还有较为完善的物流法，包括对物流据点规划立法，将配送中心、大型商业网点、货车场等与物流终端相关的规划、设计以法律的形式加以规定，对交通运输业立法，以规范公路、铁路、海运和航空运输等，被冠以“物流二法”之称的《货物汽车运输事业法》和《货物运输经营事业法》对日本交通运输起到广泛而深远的影响。这些法律和政策为日本物流变革提供了坚实的政策支持。

推进物流系统建设。在政府层面，由通产省负责生产商、服务商的物流系统建设，由运输省负责运输系统化和交通基础设施系统化工作。在企业层面，日本企业高度重视物流，积极投资物流体系的建设，构筑与大量生产、大量销售相适应的物流设施。促进低碳化发展，日本政府对物流企业采取了一些具体的限制措施，包括强化机动车尾气排放管制、实行柴油低硫化、开发和普及低公害车、推进能对交通需求进行分散和调节的交通需求管理，还呼吁物流业界针对每一地区的特性改善物流系统。日本政府认为同步实行物流业运输体制的变革、转变一些习惯性的运输方式、建立高效合理的运送模式、完善运输和配送方面的环境建设，从机制上和效率上解决卡车运输对环境的压力是更为有效的办法。接受政府的这一倡导，日本的物流业界和有关方面开始构筑环境负荷较小的物流体系，推进环境负荷较小的大容量输送工具——铁路货物运输和内航海运，大力建设和完善具有干线运输与市内配送转换功能的物流基地，积极推行多种输送模式灵活转换的复合联运，在利用者自由选择的基础上，发挥公路、铁路运输和海运等各自优势，对货物进行多种形式的联合运输，将东京等三大都市圈的卡车装载效率提高到50%。此外，通过对货物的托盘使用率、货物在堆场的滞留时间等方面的控制，来降低物流对环境造成的负荷。

注重物流科研与人才培养。日本积极学习美国先进的物流技术和管理经验，同时非常重视自身的研究，成立了专门的物流研究机构和物流学会等机构，组织专家、学者和物流工作者对共同关心的物流问题，进行理论与运用研究。除了进行物流科研工作外，日本还注重物流人才的培养，不仅在大专院校开设物流课程培养专业物流人才，而且学术群体还定期举办物流大型讲座，许多大企业也都设有专门的物流研究、咨询、培训机构，由企业制定物流人才培养的长期发展规划，大学进行物流知识和能力的训练，员工入职后参加不同等级的物流专业培训，实现学校、企业和社会多层次培养，为社会培养大批物流人才。物流人才熟悉该行业的基本流程、掌握物流中心的规划与布局、货物的运输与配送、采购管理与库存控制等专业知识，通过现代化的管理理念和手段，来降低物流成本，提高效率，进而在整个供应链条上实现物品、信息和资金的高效、快速流动，为企业创造新的价值。

5.2.3 德国低碳物流经验

建立系统配套的法律体系，通过法制化轨道发展低碳物流。德国走在世界前列，从20世纪70年代开始，政府注重制定环境政策，与物流企业低碳发展相关的涉及废弃物处理法、可再生能源法。前者为物流企业节能减排提供思路和方法，后者为物流企业低碳化提供物质基础。德国早在1972年就已经制定了《废弃物处理法》，规定如何处理废弃物，指导物流企业开展废弃物处理；1986年又将该法修订为《废弃物限制废弃物处理法》，把避免废物的产生作为废物管理的首选目标，立法目的和思路由“怎样处理废弃物”转变为“怎样避免废弃物的产生”，从源头上引导物流企业节约资源、减少废弃物。1996年颁布的《循环经济与废弃物管理法》，要求所有资源必须尽力减少用量，同时不仅废包装要循环使用，而且所有废旧产品均要回收再利用，即对废弃物实行“避免产生—循环使用—最终处置”这样一个严格的处理顺序。低碳思路实现了巨大飞跃，多方位引导物流企业低碳和去碳，首先是物流企业尽量节省资源和能源，避免和减少在源头上产生废弃物；其次是对废弃物进行最大程度的再利用，对于源头不能削减但又有可能利用的废弃物需加以回收利用；最后对无法再利用的进行最终环保处置。2000年生效的《可再生能源法》为改变德国的能源结构提供了契机，修订后的《可再生能源优先法》对可再生能源发展具有促进作用。此外，各州和地方政府都制定了不同的节能减排、低碳发展法规和相关促进措施，作为对联邦法规、措施的补充。

低碳技术推动新能源汽车的发展。新能源汽车直击陆上运输企业心脏。在“气候保护高技术战略”的指导下，德国确定有机光伏材料、能源存储技术、新型电动汽车、二氧化碳分离与存储技术四个重点研究方向来应对气候变化，目前国际环保技术交易数量的五分之一源自德国，欧洲专利局环保专利申请量的四分之一来自德国。德国的生态工业改造方向一大重点就是推动汽车产业的低碳技术，目的在于减少交通工具的温室气体排放量。德国政府在2009年颁布了“国家电动汽车发展计划”，其目标是到2020年使德国电动汽车年生产量从现在的2000辆上升到100万辆，德国政府和各大汽车生产商对开发节能环保汽车极为重视，为了实现这一目标，政府与企业不惜斥巨资用于混合动力、电动车研发，研发范围包括电能储存系统、机车技术、汽车电网互动及其示范，2012年之前对电动汽车产业改造投资达5亿欧元。其中电能储存方面，由联邦教研部锂电池联盟和经济部推动，联邦教研部锂电池联盟推进锂电池研发，经济部负责实施“蓄电池项目计划”，促进电池创新开发；联邦经济部负责推动机车技术，对驱动技术的资助集中于开发混动车，目标是提升混动车关键部件；而系统和电网一体化由联邦经济部和环境部联合发起的E-Energy项目推进，通过采用信息通信（ICT）技术控制和优化供电系统，使所有电力生产、电网、储存和消费更加智能化，并推进可再生能源一体化。由于其领先的可再生能源领域技术，新能源汽车的产业链已经出现端倪。

大力发展可再生能源。20世纪90年代开始大力开拓可再生能源，德国的“燃料战略”提出了优化传统发动机、合成生物燃料、开发混合动力技术和发展燃料电池四项措施。在强调节约使用和高效利用能源原料的同时，着力优化能源结构、推动节能减排、开发利用清洁能源和可再生能源。与之配套，德国政府相继出台了生物燃料、地热能、生态税等有关可再生能源发展的联邦法规，在近年的立法或修订中制定了有关优惠和促进可再生能源使用的条款。其中《可再生能源法》规定对应用可再生能源发电的企业进行补贴，以平衡由于采用可再生能源而导致的过高的成本，这一举措使得德国的可再生能源发电得到了快速的发展，至2010年年底，德国境内已经装有多达21607台风力发电机，并网的装机容量高达27204兆瓦，太阳光伏（PV）电池板装机总量达到17300兆瓦，其太阳能发电、风力发电、生物质能发电、地热发电、水力发电等五项可再生能源的发电量占全国总电力消耗的16.8%。在各种新能源中，政府不鼓励过度发展太阳能，而是鼓励更多地发展北海和波罗的海上的风力发电园建设。2010 年 9 月德国政府制定了新的《能源纲领》，计划到 2050 年新能源发电将占到总发电量的 80%。目前全世界每三块太阳能电池板、每两部风力发电机中，就有一个来自德国。

物流标准化、信息化程度高。物流标准化、信息化程度直接影响物流企业的运营效率。德国实现了托盘标准化、集装箱标准化、运输工具标准化以及条形码的普及使用，在德国高速公路上运输的货箱外部尺寸都是相同的，公路货运主要是靠集装箱运输或大型厢式车来完成的，采用甩挂运输方式以及配备 GPS 或行车记录仪。许多大型物流企业，非常重视多式联运，短距离、小批量、高频率的货物一般选择公路运输方式，而长距离、大批量或大宗货物采用铁路或水路运输方式。这样不仅提高了门到门的运作效率，也减少了对环境的污染，保证了货物安全。物流仓储中心内，每一件商品都有条形码，员工统计和机械手取货物均根据条形码确定。现有的托盘标准与各种运输装备、装卸装备的标准之间有效衔接，大大增强了托盘在整个物流过程中的通用性，提高了货物在运输、储存、搬运等过程的机械化和自动化水平，同时各种运输方式之间装备标准统一、物流包装标准与物流设施标准统一，极大地提升了物流的运作效率。此外，德国物流已基本实现信息化、自动化。计算机和 SAP 物流管理软件已广泛普及使用，物联网技术也在加速研发运用，大的企业集团通过信息网络将全国的需求信息和遍布全欧洲的连锁经营网络联结起来，置于同一个信息平台上，运用现代信息技术对物流过程中产生的信息进行采集、分类、传递、汇总、识别、跟踪、查询等一系列处理活动，以实现对货物流动过程的控制，从而降低成本、提高效益。

5.3 发达国家低碳经验启示

综观美国、日本和德国的低碳物流发展经验，各国侧重点略有不同，美国侧重于低碳技术研发、新能源开发以及低碳运行环境营造，为物流企业从源头上提供清洁能源，提供源头、过程与末端全方位的低碳技术以及外部环境的软硬约束，推进美国物流企业进行低碳发展，路径方式为物流企业动力材料＋低碳物流方法技术＋外部环境软硬约束；日本注重低碳物流系统建设、物流人才培养和物流运营环境打造，三者分别为实现能源高效利用提供物质基础、人力资源和低碳环境约束，低碳物流方式为物流人才＋物流方法技术＋外部环境软硬约束；而德国则关注新能源、新能源汽车和物流方法技术，为低碳物流提供机器设备、动力材料和高效运作技术，践行路径为低碳物流机器装备＋低碳动力材料＋低碳物流方法技术。三国路径方式综合起来包括：低碳物流人才培养、低碳物流机器装备、低碳动力材料、低碳物流方法技术以及低碳环境，五个要素与现场质量管理的 4M1E 相同。即 Man（人）、Machine（机器）、Material（物）、Method（方法）以及 Environment（环境）。

从人才的角度来看，要加快低碳物流人才和低碳技术人才的培养。人才是低碳物流的推动主体，由于我国物流人才和低碳人才的教育起步较晚，这类人才数量不多。物流人才培养起步晚，2001 年高校设立物流专业，最初培养的人才仅限于专科学历层次的初级物流人才，直到 2003 年，高校才有本科、研究生学历层次物流人才的培养教育。同时现代物流对物流人才的要求较高，使物流人才培养周期较长，加之高校物流专业分散、课程自己设计、多以操作型或技能型教学为主，大部分物流企业反映院校专业课程与实际需要脱节。未来应加强企业、社会、学校的联运合作，推进物流课程与实践的互动，了解企业物流人才的最新动向，以职业岗位群所需要的知识与能力结构为核心，学校研究定制人才培养方案，定期召开物流人才交流大会，培养企业所需人才，以缓解物流企业人才荒。低碳技术人才短缺，要发挥高校的力量，把低碳能源技术、低碳能源和可再生能源方面的专业放在突出的位置，使他们掌握最优化的设计方法，提高研究、设计和创新能力，加快低碳产品研发速度，缩短低碳产品的研发周期。目前教育部网站已发出通知称，为了加大绿色经济、低碳经济、环保技术等战略性新兴产业人才培养力度，有关高校可从本科教育入手，积极申报与战略性新兴产业发展人才需求相关的新专业。继清华大学、对外经济贸易大学成立低碳研究所后，2010 年我国高校首家“低碳研究与教育中心”在北京交通大学成立，该中心旗下有低碳教育、低碳物流、新能源及可再生资源、节能环保等在研项目近 30 项，将促进我国高校在低碳技术及经济领域的跨学科研究，并开发有关低碳的课本教材、培养新低碳科技人才。

从机器设备角度来看,要推进低碳物流用具与配套环境的建设。低碳物流用具与配套环境的建设是低碳物流的承载体和硬件设施。目前除了加强原有设备的合理使用,还要研制和引进与清洁能源配套的清洁能源运输工具、办公设备。运输类企业尤其是公路运输企业低碳任务严峻,通过引导运输企业加快老旧车辆和高耗能车辆的更新与改造,淘汰高耗能车辆,鼓励发展标准专用车型和绿色环保车型,推广新能源和清洁燃料车辆,积极发展挂靠运输、集装箱运输、厢式货车运输、零担快运等现代化运输方式。公路运输要逐步采用新能源交通工具和环保低碳型物流设备,如混合动力汽车、电动叉车,推广甩挂运输,公路隧道节能和路面材料再生技术和推进太阳能在公路系统的应用,降低汽车运输在物流中的比例,大幅提升多式联运模式的运输比例;船运要大力推广船型标准化和优化运输组织,港口要大力推广轮胎式集装箱、门式起重机、油改电和船舶使用的岸电建设。公共交通上要推动电动机车及电动车产业发展,引导广泛利用电车和公共交通,推行环境月票,抑制自家车使用、鼓励步行及自行车、推广汽车共乘,补助购买电动机车,推动淘汰传统引擎车辆,使用电动车辆、油气双燃料车及自行车等低碳运具。与低碳运具配套,需推动建置低碳运具所需周边使用环境,如免费充电站、汽车共乘信息平台、多式联运有效连接点、清洁能源用具的维修和保养点等的有效规划与建设。

低碳材料上看,要尽快研发和推广清洁能源。清洁能源的供给是实现物流去碳化的关键环节,可以从源头上实现低碳。据2012年全球清洁能源投资报告显示,2012年全球投资总额为2687亿美元,相当于2004年的5倍。其中,我国在清洁能源方面的投资达到创纪录的677亿美元,较2011年增加20%,投资总额位居世界第一,成为全球清洁能源领头羊。清洁能源增长全球第一,是世界最大的太阳能生产基地,至2013年全国并网的风电装机是6826万千瓦,同比增长了23.6%,电网发电量993亿千瓦时,同比增长了40.6%,风电已经成为我国第二大清洁能源。目前面临投资渠道单一问题,应探索构建政府引导、企业带动、社会参与、多方投入的低碳能源产业建设机制,以拓宽低碳能源开发利用的融资渠道。充分发挥政府在国家低碳技术创新体系的建设上宏观调控作用，促进低碳技术研发与应用。设立中央财政低碳能源发展专项资金，根据可再生能源发展需要和国家财力状况确定资金规模。同时各级地方财政结合本地区实际，安排必要的财政资金支持低碳能源开发利用。引导企业参与，运用国家税收政策对核能、水能、生物质能、风能、太阳能、地热能等低碳能源的开发利用予以支持，对低碳能源技术研发、设备制造等给予适当的企业所得税优惠。此外，加强能源合作，树立互利合作、多元发展、协同保障的新能源安全观，统筹国内外两个市场、两种资源，准确把握合作机遇，加强与周边国家开展能源合作，在开放的格局中维护国家能源安全。大力发展新的太阳能、风能、生物质能等可再生能源过程中，在掌握最先进的核、水、电技术基础上，推进能源多元化清洁发展、培育战略性新兴产业，实现长期的发展战略即清洁能源完全替代化石能源。

低碳方法和技术上，加快低碳技术自主与合作研发进度。低碳转型，需要技术创新、技术进步和技术突破，以此来改变我国目前以煤为主的能源结构和提高能源利用效率。目前我国能源的生产和利用等领域技术水平落后，技术开发能力和关键设备制造能力差，与发达国家有较大差距。加之长期以来，我国能源领域的高新技术大多从境外引进，自主低碳技术缺乏必要的积累，低碳核心技术储备滞后于西方发达国家。由于缺乏核心技术的前期积累，有些只是简单模仿和照搬欧美等发达国家技术，这种短期行为不仅会引发水土不服问题，而且会直接影响和制约低碳技术的自主创新。摆脱技术的困境，需要政府出台相应政策法规鼓励企业进行自主研发与创新，加大自主研发力度，积极开展碳捕捉和碳封存技术、减量化技术、再利用技术、资源化技术以及生态恢复技术等的研发，加强低碳物流专业技术人才培养，以及攻破研发核心技术。目前我国科技部在相关科技计划中，已对节能和清洁能源、可再生能源、核能、碳捕集和封存、清洁汽车等具有战略意义的低碳前沿技术开发进行了部署并加大了投入力度。通过制定低碳技术和低碳产品研发的短、中、长期规划，重点着眼于中长期战略技术的储备，使低碳技术和低碳产品研发系列化。结合我国实际情况，有针对性地选择一些有望引领低碳经济发展方向的低碳技术，如可再生能源与新能源、煤的清洁高效利用、二氧化碳捕集与埋存等有效控制温室气体排放的新技术，集中研发力量，重点攻关，为低碳技术和产业的发展奠定坚实基础。同时积极谋求与发达国家的技术合作，通过新的与气候合作相关的国际合作机制引进、消化、吸收国外的先进技术，通过参与制定行业的能效与碳强度的标准、标杆，使我国重点行业、领域的低碳技术、设备和产品达到国际先进水平，将节能技术率先应用于高碳排放行业，以有效降低碳排放。

低碳环境上，加强法律、政策和激励等软硬低碳物流环境系统联动效应。推进低碳物流，应建立健全法律制度体系，完善的法律制度体系是低碳物流得以顺利进行的客观保障。我国的相关立法在体系上还在完善中，如石油、天然气、原子能等主要领域的能源单行法律仍然缺位，现有的能源立法规定不够详细，缺乏足够的操作性，政策也缺乏稳定性和可持续性，致使一些政策名存实亡未能真正实施。此外由于缺乏有效的激励机制和引导机制，我国低碳技术、能源项目主要依靠政府的临时拨款和政策贷款，企业参与度低，许多银行不选择低碳项目融资，即使选择，贷款数量也很有限，没有形成稳定的投入机制。未来新能源开发、低碳物流技术的研究，必须对低碳技术的研发、资金的获得、技术的认证、技术的保密、知识产权的保护和交易、技术的应用和推广等制定完善的法律制度。通过政策和法律，限制高碳能源的使用，税收等优惠政策引导企业研发和采用低碳技术、发展低碳的可再生能源；实施低碳物流服务优先采购政策，政府优先采购经过生态设计、清洁生产审计符合环境标志认证的产品，通过低碳产品优先采购引导企业对低碳技术进行战略投资，提高物流服务竞争力；通过制定和实施低碳财政、税收、融资等优惠政策，引导物流企业淘汰落后生产方式和物流设备，加快技术升级，有效降低碳排放强度，以实现低碳化发展。

第 6 章　物流服务低碳化发展的运营机制

在分析物流服务运营现状的基础上，通过对比物流服务运营现状与企业低碳运营的条件、低碳化发展对企业运营环境的要求的基础上，探讨了物流服务低碳化发展存在的主要问题，据此提出物流企业低碳化发展的运营机制理论框架，并对运营机制进行了深入的研究。

6.1　物流服务低碳运营的条件与要求

6.1.1　低碳运营的条件

物流企业实现低碳化发展需要具备一定的运营条件，具体来说，主要包括：

(1)良好供应链伙伴关系的建立。低碳物流的运作依赖于供应链的一体化，需要物流企业与上下游的供应商、分销商以及其他顾客流程的兼容，需要供应链上的企业将各种物流活动作为一个完整的系统来管理。供应链伙伴关系的建立，能充分发挥各方的优势，促进物流企业快速响应市场，同时通过合作，共享需求与供给信息，使许多不确定因素逐步消除，有助于减小不确定因素的影响，降低库存。

(2)加强低碳技术的应用。低碳技术是低碳经济背景下，有效控制温室气体排放的新技术，它涉及电力、交通等部门，贯穿于新能源的开发、现有常规能源的有效使用以及二氧化碳捕获与埋存等领域。低碳技术在物流企业这个涉及温室气体排放的部门的应用，可以有效节能和提高能效,同时可再生能源及新能源、煤的清洁高效利用以及二氧化碳捕获与埋存的使用,可以有效地控制温室气体排放。

(3)物流网络节点的优化。物流的过程,是由许多运动过程和许多相对停顿过程组成的,与这种运动形式相呼应,全部物流活动都是在执行运动使命的线路和执行停顿使命的节点两种基本元素上进行的:其中在线路上进行的活动主要是运输,包括集货运输、干线运输、配送运输等,而物流功能要素中的其他所有功能要素,如包装、装卸、保管、分货、配货、流通加工等,都是在节点上完成的。所有进行物资中转、集散和储运的节点,包括港口、空港、火车货运站、公路枢纽、大型公共仓库及现代物流(配送)中心、物流园区等,将各个物流线路联结成一个系统,保证了整个物流系统运转的有序化和正常化,处在联结物流系统的位置上,决定了物流网络水平的高低和功能的强弱。

(4)低碳能源的供给与使用。随着经济的持续快速发展,能源与资源、环境和社会发展的矛盾日益突出,我国面临着能源结构不尽合理、能源利用效率低以及能源安全保障程度较差等诸多问题,能源问题已成为制约经济与社会发展的瓶颈之一。充分利用我国自然资源的优势,发展低碳和无碳能源,促进能源供应的多样性,是保证能源安全和保护环境的必然选择,不仅能解决能源供需矛盾,而且有助于环境污染问题的解决。物流企业作为能源消耗大户和碳排放量大户,尽可能地减少煤炭、石油等高碳能源的消耗,核能、风能、太阳能、水能等清洁能源的使用,必能有力地减少温室气体排放。

(5)物流信息化建设的提高。信息化是现代物流的基础,也是提高物流效率的前提。物流企业从重视物流系统硬件设施的建设转向重视信息技术水平和信息管理能力,运用现代信息技术,广泛应用条形码、智能标签、商品辨识系统、物流管理信息系统、物流信息跟踪系统等,在运输、仓储、包装等物流环节以及物流运作模式方面优化对物流的管理,不仅使现代信息技术在物流企业中得到充分的发展和应用,而且使物流业务流程得到了优化、各个物流环节功能得以协调,从而大大地提高了物流企业对最终客户的响应能力,提高了整个物流系统的运作效率。目前应进一步摸清物流企业信息化的现状与问题,大力推进拥有自主知识产权的物流信息技术的开发和应用,搭建跨地区、跨行业的信息平台,实现供应链物流信息的共享，从而提高物流效率。

6.1.2 对企业运营环境的要求

企业运营环境是指与企业生产经营活动有关的各种外部因素，是直接影响企业实现其目标的外部力量。目标的实现，需要企业必须首先了解其所处的外部环境，正确认识与企业经营活动相关的法律法规、政府部门和上下游企业等的服务状态以及自身的发展状况等。物流企业要实现低碳化发展，企业的政治环境、经济环境、法律环境、技术环境和人文环境等运营环境需要具备一定的要求，具体来说：

(1)对政治环境的要求。需要政府部门持久、稳定的政策支持和制度支持，对不利于物流企业低碳化发展的政策进行调整，结合具体实际对有利于低碳物流的相关政策，在政策强度、涉及面以及时间进度上进行完善，同时注意不同政策、制度之间的协调与配合，形成促进物流企业低碳化发展的良好政治环境。

(2)对经济环境的要求。首先要在保持经济的平稳、健康发展的基础上，重视市场机制在促进物流企业低碳化发展中的作用，根据市场经济规律，运用价格、税收、财政、信贷等市场手段进行调节，促进物流企业的低碳化发展。同时不断提升物流企业自身的发展水平，使物流企业有能力进行低碳化改造与发展。

(3)对法律环境的要求。促进物流企业的低碳化发展，不仅需要加快相应的立法工作，使一系列法律法规的出台为物流企业的低碳化发展奠定法律保证和支持，而且要依法推进有关可持续发展的法律法规得到有效实施，做到有法可依、有法必依，既要保障物流企业的合法权益，又要约束物流企业自身的行为规范。

(4)对技术环境的要求。一方面要加快低碳科研成果向现实生产力转化，依靠低碳科技进步推进核电、水力、风力、太阳能等可再生、清洁型能源的研发，探索碳捕获和封存技术，同时开发节能高效、替代能源的运输工具；另一方面，要求物流企业结合企业实际，在生产、伙伴关系以及信息管理等方面，自主开发和适当引进先进管理技术。

(5)对人文环境的要求。通过有效的节能宣传机制，发动社会公众参与节约能源、减少二氧化碳等温室气体排放，使节能减排成为每个企业、每个社区、每个家庭、每个人的自觉行为，将节能减排的要求落实到社会公众的日常生活、消费行为中。倡导绿色出行、低碳生活，提高人们的节能和环保意识，以减少和杜绝对物流的浪费。

6.2 我国物流企业运营现状

改革开放后，随着国内商品流通和对外贸易的不断扩大，我国社会物流需求不断增加，同时人们对物流的认识在进一步深化，物流企业有了较大的发展。除引进具有国际先进水平的物流技术设备外，还将信息技术和通信技术逐步在物流业务中运用，我国物流企业已由最初的兼营性企业不断发展成为专业化的物流企业。物流企业无论从数量上还是质量上都有跨越性的发展，但是不可否认物流企业运营中仍存在许多问题。

6.2.1 物流企业集约化经营程度低

与国外发达国家物流企业相比，我国物流企业发展起步晚，对现代物流的认识还在不断加深和完备，物流企业的增长模式尚处于粗放发展阶段，效益水平普遍较低。从服务内容来看，多数物流企业业务附加值低，业务停留在运输、仓储、配送等传统物流外围服务，鲜有物流企业涉及库存管理、物流方案设计、全过程供应链管理等高附加值物流服务。一般情况下，上市公司比非上市公司更有能力和资源调整经营增长模式以增强盈利能力，但从长三角、珠三角和环渤海三大经济圈的核心城市上海、深圳、北京和天津的物流上市公司的业务情况来看，企业的主营业务基本上是运输和仓储等传统的低附加值服务，一般物流企业、广大中小物流企业的业务附加值可略见一斑。

业务附加值的高低、经营的集约化程度与效益水平紧密相关。从近15年我国物流企业物流投资率的变动情况来看，物流投资率实现了从低于、到略高于、再到远远高于国民经济投资率的跳跃，物流投资率的平均水平由“八五”时期的24.1%上升到“九五”时期的39.9%、再到“十五”时期的 50%以上，2006 年和 2007 年的物流投资率更是高达 86%和 77%。① 物流投资呈现粗放扩张态势，尽管我国社会物流总额和全国物流企业增加值逐年增长，但是物流总费用增速更快。以 2004 年至 2008 年 5 年间我国物流企业发展状况为例，从相关统计数据来看，我国物流企业的发展水平和效益水平仍然比较低，与美国、日本和欧洲物流企业相比存在较大的差距（见表 6-1）。5 年间物流总费用占 GDP 的比率一直在 18%以上，比发达国家 8%左右的比例超出一倍。从物流总费用同比增长速度指标来看，明显快于物流增加值同比增长速度和我国 GDP 增长率，2004 年我国 GDP 增长率为 10.1%，物流增加值同比增长 8.4%，而物流总费用同比增长 16.6%，增速快于物流增加值同比增长速度近一倍；2005 年、2006 年物流总费用与物流增加值同比增长差距缩小，分别为 12.9%、12.7%和 13.5%、12.5%；2007 年物流增加值同比增长较快，达到 20.3%，但物流总费用同样出现较大增长至 18.2%；2008 年 GDP 增长率由 2007 年的 11.4%降至 9%，物流总费用和物流增加值同比增长随之减速，分别为 16.2%和 15.4%。

此外，从物流成本的构成来看，我国物流企业与国外物流企业的差距尤为明显，5 年间我国物流运输费用占社会物流总费用的比率一直高达 50%以上，保管费用占总成本的比率在 30%上下波动，管理费用占总成本的 13%左右，而国外物流企业是储藏成本高于运输成本，行政管理成本更低，美国仅为 4%左右。企业提供低附加值服务，利润率本身就比较低，粗放式的物流运作模式在经济运行状况良好的情况下尚可简单维持企业生存和低效益水平，而经济状况一旦发生消极变化，物流企业的生存状况必然受到影响，造血功能只能是雪上加霜。

表 6-1　2004—2008 年我国物流企业发展状况　　（单位：%）

	2004 年	2005 年	2006 年	2007 年	2008 年
物流总费用占 GDP 比率	21.3	18.55	18.3	18.4	18.1
物流总费用同比增长	16.6	12.9	13.5	18.2	16.2

① 通过整理《中国统计年鉴》相关年度对交通运输、仓储和邮政业的固定资产投资额与全国物流业增加值数据，求两者的比率计算物流投资率。

续表

	2004 年	2005 年	2006 年	2007 年	2008 年
物流增加值同比增长	8.4	12.7	12.5	20.3	15.4
GDP 增长率	10.1	9.9	10.7	11.4	9
运输费用占总成本比率	56.9	55	54.7	54.4	52.6
保管费用占总成本比率	29.1	31.4	32.1	32.9	34.7
管理费用占总成本比率	14	13.5	13.2	12.7	12.7

资料来源：作者根据国家发改委、国家统计局、中国物流与采购联合会统计数据整理。

6.2.2 物流企业一体化服务水平低、同构化严重

我国物流企业由于“出身”问题，目前还没有国际知名的物流企业，市场以中小物流企业为主。国有大中型物流企业虽然在物流市场上占据主导地位，但大多是从运输、仓储企业转型而来，经营观念相对落后，不能完全适应市场竞争环境的变化，而民营物流企业由于受资金、人才等资源的制约，企业经营规模、竞争力和服务水平处于较弱态势。物流企业大多规模偏小，较小的经营规模成为现有的物流企业发展的重要制约因素，影响了企业经营效率的提高。由于物流行业市场准入门槛低，大多数物流企业的规模都比较小，物流运输业务少、车辆运输任务单一，很难形成规模化生产的组织和指挥能力，更不能形成统一的货源组织和车辆调配。这种自营物流模式存在着供需波动大、规模性差、设施设备闲置率高、人员不专业等问题。物流企业运作规模小，无法在经营中降低平均单位经营成本，难以提高企业的核心竞争力。

受规模和实力限制，物流企业无法在全国建立物流运作网络和信息网络，全球物流网络更是无从谈起，但信息化水平又是衡量物流企业发展水平的重要指标，物流网络和信息化建设的滞后，使物流企业提供的物流服务在及时性、准确性和多样性方面受到影响，一体化和专业化物流服务水平普遍不高。同时由于物流企业规模小、经济效益低下、资产负债率较高、资产信用不足，金融机构对其信用评级偏低，导致物流企业融资困难。由于资金的短缺，物流企业难以向规模化发展，造成了小、少、散的局面，形成难以做大做强的恶性循环。

我国物流企业业务附加值低、服务项目单一，同构化问题一直存在，

物流企业自身的问题如物流信息化建设水平低、规模效应差等又进一步加剧了同构化问题，使许多物流企业的业务仅局限在物流作业层面上。物流作业层面的业务，一方面给物流企业带来的利润较少，另一方面市场进入门槛低，容易导致由于市场进入者过多而出现的过度竞争。由于同构化问题的存在，物流业市场竞争出现了以下特征：高端物流服务市场上，竞争不足，主要由外资或合资物流企业占据了绝大部分市场空间；低端物流服务市场上，竞争过度，企业竞争手段单一，低价格战异常残酷；大型物流企业无法与世界物流巨头抗衡，对敦豪、UPS、FedEx、TNT、马士基、集美、伯灵顿等国际物流企业进入中国快递业、超大件货物运输等物流领域，并占领物流市场高地而望洋兴叹，又不得不与国内中小企业在利润薄弱的物流市场上争夺残羹；中小物流企业由于资金、人才、管理等因素的限制，很难进入高端物流服务市场，低端物流服务市场由于市场进入壁垒低，物流企业数量众多，业务附加值低、复制性强，同业间竞争激烈并出现无序化状态，无序化状态下物流企业的服务质量、盈利能力和抵御外部环境变化的能力变得越来越弱，进而中小物流企业更无能力提升管理、硬件水平与大型物流企业竞争，进入高端物流市场与世界物流巨头抗衡更是无从谈起，形成了一个恶性循环怪圈。

低端化市场、同构化服务、低价格战竞争使物流企业根本无法消化成本上升带来的压力，但物流人力成本、原材料成本将不断上升却是不变的趋势，众多的中小物流企业不得不在成本和价格双重挤压下生存，生存状态可谓如履薄冰，尤其是在2008年油价和劳动力成本上升、物流业务量下滑情况下，造血功能弱化不可避免。

6.2.3　物流企业组织管理水平普遍偏低

我国物流企业由于走的是粗放扩张发展道路、多数物流企业运营方式单一，加上物流部门条块分割的现象比较严重，物流环节上存在着较大的浪费。此外，我国物流人才缺乏，物流组织管理中如物流网络节点设置、物流设施布局和合理使用等方面问题突出。具体表现有：货物仓储、运输、配送等无效作业环节增加，对客户需求反应迟钝，货损率、作业差错率偏高，物流速度的降低以及物流成本的上升等。

体现物流企业组织管理水平高低的指标有很多，表6-2展示了其中的五个指标,时间区间为2004—2008年近5年情况。从物流费用增长情况来看,保管费用同比增长速度仅2006年稍有下降外,其他4年均呈上升趋势,2004年保管费用同比增长14.8%,2005年上升至18.4%,2006年小幅下降到16%,2007年、2008年出现大幅增长,同比增长分别达到21.2%、21.8%,年均增幅为18.4%,同时保管费用同比增长速度也超过物流增加值同比增长速度。此外管理费用也呈逐年增长态势,与物流增加值同比增长速度大致持平,2004年管理费用同比增长14.5%,物流增加值同比增长8.4%,高出6个百分点,2005年、2006年管理费用同比增长出现小幅下滑,分别为12.3%、10.4%,2007年和2008年又大幅增加,同比增长速度达到13.6%和14.3%,同期物流增加值同比增长速度分别为20.3%和15.4%,两者增速大致相当。货物损耗费用占保管费用比率的高低不仅可以反映物流作业的货损情况,而且体现物流的管理水平,从统计数据来看,物流作业的货损情况虽然不断改善,货物损耗费用占保管费用比率逐年下降,由2004年的6.2%,下降到2005年的5.9%,2006年的5.7%,2007年的5.5%,但比率仍在5%以上。较高的流动资产周转率对企业的正常运营非常重要,在企业面临市场资金困难的情况时更是如此。目前从社会物流总额的构成来看,工业品物流是带动社会物流总额增长的主要因素,2008年工业品物流总额占社会物流总额的比重已达88.8%[①],工业物流的流动资产周转率高低大体上可以反映出我国物流企业物流速度,故本研究考察了我国规模以上工业企业流动资产周转率。从近5年的情况来看,我国物流企业物流速度不断提升,规模以上工业企业流动资产周转次数由2004年的每年2.16次,上升到2005年和2006年的每年2.35次、2.5次,2007年继续上升至每年2.63次,2008年虽然出现了金融危机,但物流速度仍保持上升态势,达到每年2.67次。尽管物流速度逐年上升,但目前我国规模以上工业企业流动资产年周转次数还不到3次,远远低于发达国家每年10次的速度。此外,我国物流管理费用占GDP比率仍然居高不下,2004年为2.56%,2005年小幅下降至2.52%,2006年、2007年和2008年继续保持下降趋势,分别为

① 数据参见国家发改委、国家统计局、中国物流与采购联合会联合公布的《2008年全国物流运行情况通报》。

2.42%、2.33%、2.31%。虽然趋势喜人，但平均比率仍在2.43%，与美国、日本物流的0.4%存在较大的差距。物流企业偏低的组织管理水平，必然影响其造血功能。

表6-2 2004—2008年我国物流企业组织管理水平

	2004年	2005年	2006年	2007年	2008年
保管费用同比增长(%)	14.8	18.4	16	21.2	21.8
货物损耗费用占保管费用比率(%)	6.2	5.9	5.7	5.5	—
管理费用同比增长(%)	14.5	12.3	10.4	13.6	14.3
管理费用占GDP比率(%)	2.56	2.52	2.42	2.33	2.31
规模以上工业企业流动资产周转次数(次/年)	2.16	2.35	2.5	2.63	2.67

注:表中除货物损耗费用占保管费用比率数据来自相关年度全国物流运行情况通报外，其他数据根据国家发改委、国家统计局、中国物流与采购联合会统计数据计算整理。2008年全国物流运行情况通报没有详细披露货物损耗费用占保管费用比率数据。

资料来源:作者整理。

6.2.4 物流企业分布不均衡、依附性强

由于我国地域辽阔、地区自然条件和资源状况存在较大差异，再加上城乡二元结构的深远影响，各地区经济发展水平、区位条件各不相同，而地区经济的发展水平直接影响了物流企业的需求状况和发展水平，因此我国地区经济发展的不平衡使我国物流企业在全国范围内出现了地区分布不均衡情况。此外，受行业发展状况的影响，我国物流企业的行业性分布同样不均衡，主要依靠某个行业的带动发展。我国物流企业地区和行业分布的不均衡，致使物流企业过分信赖于某个地区或行业，高依附性必然影响物流企业抵御外部风险的能力，同时不可避免地会存在物流市场盲点。

我国物流企业的地区分布主要依据地区经济发展水平和地理位置相结合而形成，呈现东、中、西三大物流地带，但由于地区经济发达程度不同，东、中、西部物流企业发展存在着不平衡，东部物流企业发展最快，中部物流企业次之，西部物流企业发展缓慢。具体到城乡来看，城市物流企业要远远发达于农村物流企业。目前东部已经形成了以沿海大城

市为中心的区域性物流圈，主要有以京津为中心的环渤海物流圈、以上海为中心的长三角物流圈和以深圳为中心的珠三角物流圈，表 6-3 统计了 2008 年三大物流圈中核心城市的物流量情况，从全年交通运输、仓储和邮政业增加值来看，2008 年全国增加值为 16590 亿元，三大物流圈中四个核心城市的增加值已占全国 11.53%，东部地区仅四个城市的增加值已占全国 10%以上，足见东、中、西物流的地区差距；四城市的全年货运周转量占全国的比重已高达 31.2%，全年旅客周转量的比重更是高达 52.78%，物流企业区域差距严重。东、中、西物流企业和城乡物流发展的不平衡，一方面给地区物流企业的合作带来了一定的困难，另一方面也增加了物流企业抗区域系统性风险的难度。

表 6-3　2008 年我国物流业务量地区分布情况

	北京	天津	上海	深圳	全国	四地占全国比重
全年交通运输、仓储和邮政业增加值(亿元)	505.7	320.63	769.64	316.3	16590	11.53%
全年货物周转量(亿吨公里)	440.2	15866.76	15866.76	745.85	105512.9	31.20%
全年旅客周转量(亿人公里)	943.4	196.12	10834.22	361.5	23372.2	52.78%

资料来源：作者根据四地和国家 2008 年国民经济和社会发展统计公报中统计数据整理。

我国物流企业行业分布不均衡同样严重。表 6-4 列示了 2008 年我国物流业务量的行业分布情况，从物流总额的构成来看，2008 年社会物流总额为 89.9 万亿，主要分布在工业品物流和外贸物流行业，工业品物流总额达 79.86 万亿，在物流总额中占 88.8%，进口货物物流总额为 7.86 万亿，在物流总额中占 8.7%，两者在物流总额中所占比重高达 97.5%，而农产品物流仅占 2.1%。此外，农产品物流同比增速也低于工业品物流增速，农产品物流同比增长 17.6%，工业品物流同比增速达 20.8%，高出 3 个百分点。我国工业经济发展迅速，在国民经济中占主导地位，出口作为拉动我国经济发展的三大动力，工业品物流和外贸物流的快速发展在方向上与我国工业发展状况、经济增长国情大体一致，但我国作为农业大国，与农业、农村巨大的市场空间相比，农业物流发展滞后，特别是在全面建设新农村进程中农业物流发展显得落后。物流行业分布的不均衡,不仅增加了物流企业因过分依赖某个行业带动发展所产生的系统风险,而且会产生物流市场盲点,以冷链物流为例,随着居民生活水平的提高,人们对冷冻冷藏食品的消费越来越多,我国的冷藏冷冻食品每年增产约 10%,然而,我国食品的冷藏运输率只有 10%～20%,而发达国家却达到 80%～90%,致使每年我国的冷藏物流损失已超过 750 亿元人民币。[①] 均衡物流发展、增强抗风险能力,将成为增强我国物流企业造血功能的重要课题。

表 6-4　2008 年我国物流业务量行业分布情况

	物流总额(万亿)	在物流总额中所占比重(%)	同比增长百分比(%)
农产品物流	1.89	2.1	17.6
工业品物流	79.86	88.8	20.8
进口货物物流	7.86	8.7	8.2
再生资源物流	0.27	0.3	3.8
单位与居民物品物流	0.02	0.1	14.0
社会物流	89.9	100	19.5

资料来源:作者根据国家发改委、国家统计局、中国物流与采购联合会联合公布的《2008 年全国物流运行情况通报》统计数据整理。

6.3　物流服务低碳运营面临的主要问题

通过对比物流企业低碳运营的条件与物流企业目前的运营现状,可以发现现实与目标存在较大的差距。突出的问题有:缺乏低碳意识、能源结构以油料非再生能源为主、物流的集疏运基本依赖于汽车公路非节能运输方式、物流节点的设置有待优化、尚未形成物流标准化体系以及物流网络和信息化建设滞后等,诸多问题都严重地影响了物流企业的低碳化发展,物流企业要实现低碳化发展面临着改善能源结构、提高能源效率以及提升企业自身发展水平等诸多问题。

① 严伯昌:《冷链运输车的商机》,《物流》2007 年第 11 期。

6.3.1 缺乏低碳意识

虽然现代物流在经济中的重要作用已得到各级政府、学界、企业和社会公众的认可，但是，受传统观念的影响以及对低碳的认识还比较初步，因此低碳化物流的发展尚未引起足够重视。无论是经营者还是消费者，对低碳化物流经营和消费的认识尚处于启蒙阶段，低碳化物流的理念更是几乎没有，即使部分物流企业已经初步认识到低碳化发展对企业的重要意义，但是还没有系统化的低碳管理体系。物流作为连接生产和消费的纽带，低碳化物流与国民经济的发展和人们的日常消费密不可分，低碳化物流的发展本应引起政府、企业和消费者的重视，然而，物流企业经营者和消费者在现实生产、生活中由于存在各种主客观原因，尽管低碳观念得到一致赞同，但是低碳物流产品生产、低碳物流消费等真正落实到实际中，仍有不小的行动阻力和思想懈怠，低碳意识仍非常淡薄。

低碳意识和低碳行为是发展低碳物流的重要推动力。在现实中，很多物流企业仅仅为了实现企业自身利润最大化，常常会做出一些不顾社会效益的短期行为，如不考虑环境承受能力肆意向外界排放污染物、资源利用短期化、因担心低碳物流产品成本高不被市场接受而放弃低碳物流行为、维持企业短期利益而拒绝改善企业原有的经营方式等。以上诸多仅有商业利润而没有低碳概念的行为，缺乏发展的前瞻性，与时代的发展存在差距，阻碍了物流企业的低碳化发展。践行低碳理念、强化低碳意识是实现低碳物流的重要前提。

6.3.2 能源结构以油料非再生能源为主

与运输方式相匹配，我国物流企业的能源消耗以油料非再生能源为主，近五年物流油料消耗量占物流能源消耗量的比重在60%[①]高位上下波动，油料消耗又以柴油和汽油高污染型能源为主，柴油和汽油消耗量

---

① 通过整理《中国统计年鉴》相关年度对交通运输、仓储和邮政业的原油、汽油、煤油、柴油、燃料油消耗量与能源消耗总量数据，求两者的比率计算物流油料消耗量占物流能源消耗量的比重。

占全国柴油和汽油消耗量的比例均高达50%[①]以上，物流企业已成为名副其实的“油老虎”大户。高污染能源消耗势必导致高温室气体和大气污染排放，物流企业要实现低排放，调整优化能源结构是其与环境、经济协调发展的客观需要和战略要求。

改善物流企业能源结构，需要逐步建立低碳的能源系统，创新发展可再生能源技术、节能减排技术，同时加快低碳科研成果向现实生产力转化，实现能源多元化、清洁化发展，共同推动物流企业低碳化发展。而这些都依赖于科技实力的提高，未来需要加大低碳科研投入、依靠低碳科技进步推进核电、水力、风力、太阳能等可再生、清洁型能源的研发，同时开发节能高效、替代能源的运输工具。减少甚至替代高污染能源，使用清洁型、可再生能源，物流能源结构的改善对物流企业这个“油老虎”大户必然产生新的革命。

6.3.3　物流集疏运高依赖于汽车公路非节能运输方式

我国大部分物流企业的运输方式存在高碳化问题。从运输的方式来看，公路运输所产生的二氧化碳绝对值最大，海运运输和空运次之，铁路运输最小，而公路运输方式中低水平的运输供给能力普遍过剩，高层次的运输供给能力相对不足，具体来说重型货车、特种专用车辆所占比重低，货运车辆以中型普通货车为主，高效低耗的重型货车、厢式车、集装箱偏少。

目前我国物流的集疏运基本依赖于汽车公路运输，但从节能角度来看，长距离的公路运输并不是经济环保的运输方式，相比而言铁路在中、长距离大宗货运中具有较大优势，公路在高附加值商品以及短途客货运中机动灵活、时效性好，水路运输在大宗和散装货物运输中优点显著，而航空运输则较适于大中城市间长距离旅客运输。

汽车公路运输不仅运输能力小、成本高、安全性差，而且能耗较大，作为单一运输的方式，自身存在非常多的弊端。相对于单一运输方式，综合运输方式将公路、铁路、水路、航空等各种运输方式有机地联系在一

---

① 通过整理《中国统计年鉴》相关年度对交通运输、仓储和邮政业的汽油、柴油消耗量与全国汽油、柴油总消耗量数据，求两者的比率计算物流业汽油、柴油消耗量占全国汽油、柴油消耗量的比重。

起，多种运输方式的分工协作，使物流企业的集疏运更安全、节约、高效和环保，同时能充分运用公路、铁路、水路、航空各种运输线路和基础设施资源，形成效率更高、效益更好的运输能力。未来需要政府和物流企业进行统筹规划和优化资源组合，完善综合运输网络布局，同时加强各种运输方式的有效衔接和配套，使铁路、港口码头、机场及公路实现“无缝对接”，从而降低能耗。

6.3.4 物流节点的设置有待优化

物流系统强调总体的顺畅和最优，而总体水平往往通过节点来体现，物流节点的优化程度决定了整个物流系统的效率和水平。国内绝大多数物流企业仍属于城市范围、区域性公司，公司规模较小，依然以手工或半机械化作业为主，物流网点非常有限，同时物流企业各自设立仓储地和中转站，物流节点尚未在企业间共享，不仅造成资源浪费，还会影响结点的贯通性以及整个物流系统运转的有序化和正常化

由于车站、港口、物流园区和仓储地物流节点设置欠缺合理化，致使不同线路的衔接存在较大困难，例如轮船的大量输送线和短途汽车的小量输送线，两者输送形态、输送装备都不相同，再加上运量的巨大差异，所以往往只能在两者之间有长时间的中断后再逐渐实现转换，严重地影响了物流企业的工作效率和能源利用效率。此外，还导致重复运输、交错运输以及无效运输等不合理运输现象普遍存在，铁路、公路货运空载率也长年居高不下，都进一步加剧了物流企业的高能耗。高能耗与低碳的内涵相悖，物流企业亟待提高能源效率，这样既有助于实现物流的低碳化，又能够有力地促进低碳经济发展。

6.3.5 尚未形成物流标准化体系

与国外发达国家物流业相比，我国物流业发展起步晚，物流业的增长模式尚处于高投入、高消耗粗放发展阶段，物流系统思想形成较晚，加之物流标准化工作复杂、难度大且涉及面广，目前尚未形成物流标准化体系。由于物流标准化体系的缺失，影响了物流网络节点、设施、器具等的合理使用，突出问题有：运输方式间由于装备标准的不兼容性，影响了我国综合运输的发展；物流器具标准不配套，严重影响了货物在运输、仓

储、搬运过程中的机械化、自动化水平的提高；物流包装标准与物流设施标准间存在缺口，严重影响了运输工具的装载率、装卸设备的载荷率以及仓储设施的空间利用率等。

物流是一项跨行业、跨地区、甚至跨国界的系统工程，只有在规范的市场秩序、完善的物流管理及技术标准指导下，才有可能提高物流企业的运营效率。物流标准化已成为实现物流管理现代化的重要手段、物流产品的质量保证、提高物流效益的有效措施以及进军国际物流市场的通行证。我国物流标准化相对滞后，影响了物流运营效率、增大了污染物排放量。提高物流运营效率、减少碳污染必须推进物流标准化建设。物流标准化的建设需要政府部门、行业协会、物流企业以及相关企业的共同努力，在充分借鉴、采用国外先进物流标准的基础上，从物流系统的整体出发，制定其各子系统的设施、设备、专用工具等的技术标准、业务工作标准，逐步形成供应链内部、行业内部、全国以及与国际接轨的物流标准化体系。

6.3.6　物流信息化建设滞后

受规模和实力所限，物流企业无法在全国建立物流运作网络和信息网络，全球物流网络更是无从谈起，物流网络和信息化建设滞后的现状直接造成了我国物流企业服务内容和手段过于简单，使他们根本没有能力全面开展物流信息服务、订单管理、库存管理、物流成本控制、物流方案设计以及供应链管理等以物流管理软件为基础的物流增值服务。低碳物流的最终得以实现，需要大量先进的信息技术支持。与发达国家相比较，我国物流企业的信息技术水平较低，大多数物流企业没有能力或不重视信息技术的开发和有效应用，企业内部如条形码技术、全球定位系统、企业资源计划系统等物流管理技术在物流领域中应用水平较低，物流装备和设备、物流设施方面的智能化和自动化水平也不高。同时由于缺乏必要的公共信息平台，信息化水平偏低制约了物流系统的效率和规模化运作，造成机动车空载率高，增加了道路上车辆数量，也增加了无效碳排放。物流企业的信息化程度直接影响了我国物流企业的发展水平，物流企业整体发展水平不高，使物流企业根本无力顾及碳污染、碳处理等问题，这样直接影响了物流企业的低碳化发展。

物流信息化建设的滞后影响了物流企业的发展水平，增大了物流能源消耗和碳排放量，促进节能减排、推进物流企业的低碳化进程，需要提高物流企业的信息化水平。提高物流信息化是现代物流的基础，也是提高物流效率的前提。目前改变物流企业的信息化现状，需要物流企业运用现代信息技术，广泛应用条形码、智能标签、商品辨识系统、物流管理信息系统、物流信息跟踪系统等，在运输、仓储、包装等物流环节以及物流运作模式方面优化对物流的管理。物流信息化程度的不断提升，将提高物流运输工具实载率和仓储设施利用率，优化运输路径和搬运装卸系统，必然带来物流成本的节约、物流管理效率和水平的全面提高，从而促进物流企业的节能减排。

6.4 物流服务低碳运营机制

机制原指机器的构造和动作原理，生物学和医学研究常用到机制一词，意指了解其内在工作方式，主要包括分析其结构组成及相互关系。具体到运营机制，反映的是系统运行中各组成部分间相互作用、相互制约的动态关系。由于目前国内以政府主导模式发展低碳经济，尚未建立各行业和企业的碳排放统计监测系统，政府以引导为主、采用行政管理的手段促进企业低碳化发展，还没有充分发挥市场的良性作用，所以众多企业对低碳仍持观望态度。物流企业也不例外，本书在研究物流企业低碳运营的根本动力、主导因素和表现形式的基础上，探索物流企业低碳运营机制。

6.4.1 低碳运营机制的理论框架

为了构建物流企业低碳运营机制的理论框架，我们首先要明确物流企业低碳运营的根本动力、主导要素和表现形式，具体来说：

(1)市场机制是物流企业低碳运营的根本动力

碳污染物是生产中的不经济产物，因此减少碳排放问题属于环境外部不经济性问题。由于减碳保护环境具有很强的正外部效应，政府既是减碳市场秩序的规范者和维护者，又是低碳发展的引导者和推动者，发挥政府在宏观调控、市场建设等方面的主导作用有很强的现实性和必要性。政府的引导具有不可替代性，但是企业作为独立的经济体，仅靠政府制定法律、法规强制社会和企业对环境进行保护，以经济手段诱导经济主体对碳排放污染进行治理，产生的仅是外部推力作用，没有从根本上触动企业的神经和命脉，而没有触动企业神经和命脉的推力发挥的能效将是非常有限的。在此思路下，企业对政府宣传的低碳化发展持观望态度、认为先污染后交罚款了事已不足为奇。

通过对物流企业运营现状的分析，发现物流企业的发展水平普遍较低是影响企业低碳化发展的一个影响因素，但是它并不是影响企业低碳化发展的根本原因。根本原因在于缺乏利益驱动，相比在企业的低碳化发展中引入市场机制，通过市场价值杠杆手段对碳排放权进行交易，在保持环境可持续发展的前提下，政府核定企业的基本碳排放量和排放权，并从企业消耗的能源上监控企业的实际碳排放量，实际碳排放量超过核定的基本排放量时，企业需要购买碳排放权，实际碳排放量节约时，可以出售碳排放权，以效益机制推动企业低碳化发展更加有效。

(2)技术创新是物流企业低碳运营的主导要素

自熊彼特首次提出了创新概念和创新理论以来，学者们对技术创新的作用进行了广泛的研究，如学者傅家骥所言，“技术创新是企业家抓住市场的潜在盈利机会，以获取商业利益为目标，重新组织生产条件和要素，建立起效能更强、效率更高和费用更低的生产经营系统”[①]，足可以看出技术创新的重要意义。从物流企业的能源结构和发展阶段来看，短期内通过改变能源结构来减少碳排放的难度较大，因此物流企业进行技术创新改善能源效率和技术装备无疑是一条非常有效、切实可行的途径。通过技术创新，一方面可以改善化石能源的利用效率，另一方面可以改造物流装备，做到节能减排。

(3)控制碳源和增加碳汇是物流企业低碳运营的表现形式

从减碳的路径来看，物流企业低碳运营存在直接减碳和间接减碳两种方式，直接减碳方式属于内源式发展路径，采用的是减法战略，通过减少能源消耗和碳中和技术控制碳源以降低排碳量，间接减碳方式属于外

---

① 傅家骥：《技术创新学》，清华大学出版社 1998 年版，第 13 页。

延式发展路径，是根据森林生态系统功能和原理，采用加法战略通过增加碳汇方式，增加森林生态系统的碳贮量和碳吸收以达到间接减碳目的。减少能源消耗可以从源头上控制碳排放量，而碳中和技术则是通过二氧化碳捕集与封存技术、生物固碳技术和固碳工程技术对排出的碳污染进行处理，将捕获起来的二氧化碳气体深埋于海底或地下，以达到减少排放温室气体的目的。而森林碳汇具有工业减排不可比拟的优势，其成本低、综合效益好，可以真实地吸收和减少二氧化碳。

(4)物流服务低碳运营机制的理论框架

从物流企业低碳运营的根本动力、主导要素和表现形式来看，物流企业低碳化发展源于科技进步和利益驱动，借助低碳运输、低碳仓储、低碳包装以及低碳流通加工的传导作用，得益于公众低碳意识的提高、产业结构的优化、低碳法规、政府的科学规划等因素，通过控制碳源方式实现直接减少碳排放量、增加碳汇达到间接的减碳作用，以实现物流企业的低碳化发展，并最终促进低碳经济和国民经济的健康、持续发展。

综合起来，物流企业的低碳运营机制包含着一条主线和两条辅线，分别对应着一个内循环和两个外循环，并且内外循环相互促进、互动发展。物流企业低碳运营机制的主线由“动力机制—传导机制—实现机制—物流企业的低碳化发展—低碳经济发展”构成，形成了物流企业低碳发展的内循环。其机理是：物流企业低碳化发展实现控制碳源和增加碳汇，低碳运输、低碳仓储、低碳包装以及低碳流通加工则为控制碳源提供了传递手段，直接减碳和间接减碳的原动力是科技进步，利益驱动将原动力转化为现实的生产力。“低碳经济发展—国民经济发展—促进机制”另一辅线与内循环共同构成一个外循环。通过产业结构优化调整、公众低碳意识的提高等促进机制，促进物流企业实现低碳化发展，而“低碳经济发展—国民经济发展—保障机制”这一辅线与内循环共同构成另一个外循环。通过法律法规保障、政策引导和调控等约束保障机制，保障物流企业稳定、有序地实现低碳化发展。

总结以上内容，可以得出物流企业低碳运营机制的理论模型，具体如图 6-1 所示。从运营机制模型来看，物流企业低碳化发展是一个涉及面广、影响因素众多的复杂系统工程，是由动力机制、传导机制和实现机制等三个主导机制，以及促进机制和约束保障机制等两个辅助机制共同作用的结果。

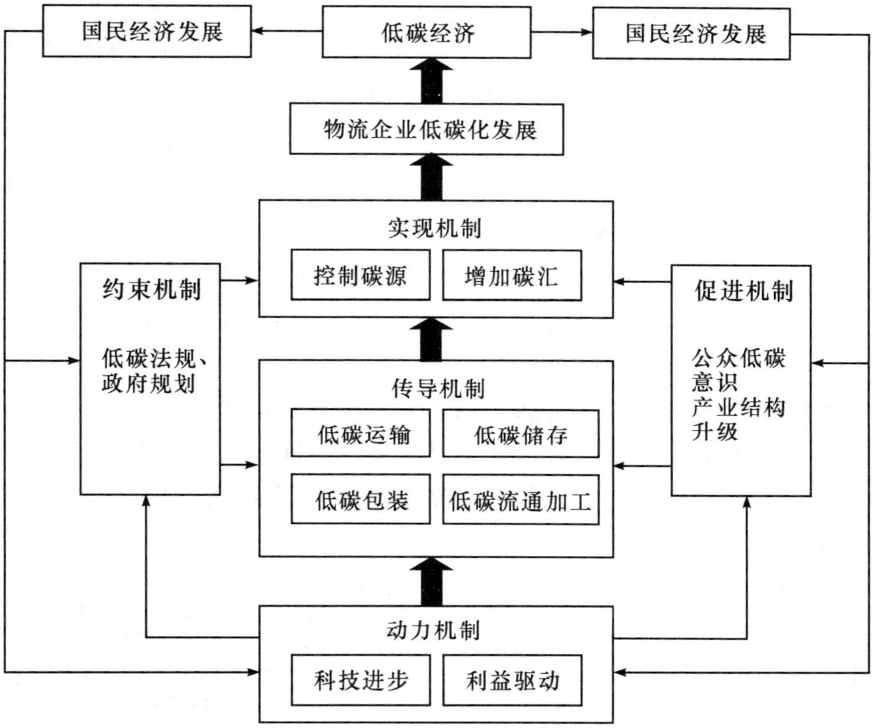

图 6-1　物流服务低碳运营机制模型

资料来源：作者整理。

6.4.2　低碳运营的动力机制

物流企业低碳运营的动力主要包括科技进步和利益驱动，而科技进步是物流企业低碳化发展的原动力，利益驱动则将潜在的动力转化为现实的发展动力。

改革开放的总设计师邓小平就从世界科技发展的状况出发，得出科学技术是第一生产力的科学结论，科技进步是除资金和劳动以外的引起生产函数变化、促进经济发展的因素，它不仅是衡量生产力水平高低的关键因素，而且还是推动生产力发展的决定性因素。科技进步直接影响着经济发展的速度、生产力布局的合理性、能源结构、能源效率以及节能减排等，从这个角度来看，科技进步是物流企业实现低碳运营的原动力。

我国目前的能源生产和利用技术水平、技术开发能力和关键设备的制造能力,与发达国家相比存在较大的差距,总体技术水平落后是我国发展低碳经济的严重障碍。物流企业也不例外以油料为主的能源结构和较低的能源效率已经成为物流企业低碳化发展的瓶颈,由于落后工艺技术的大量存在和先进技术的严重缺失,使得我国物流企业在经济发展中呈现高排放的特征,并且这一特征在未来几十年将长期存在,陷入所谓的"锁定效应",这将极大地增加未来我国物流企业向低碳发展模式转变的成本,并给我国低碳经济的发展带来更大的减排压力和国际谈判的压力。改善能源结构和提高能源效率是物流企业实现低碳化发展的重要途径,而这些都依靠科技进步的推动。

综合物流企业的运营现状,科技进步对物流企业低碳化发展的推动主要体现在依靠科技进步研发和应用低碳能源产品、低碳物流流程和设备以及提高碳中和技术,科技进步对物流企业低碳运营的驱动机制,可以表述为如图 6-2 所示。

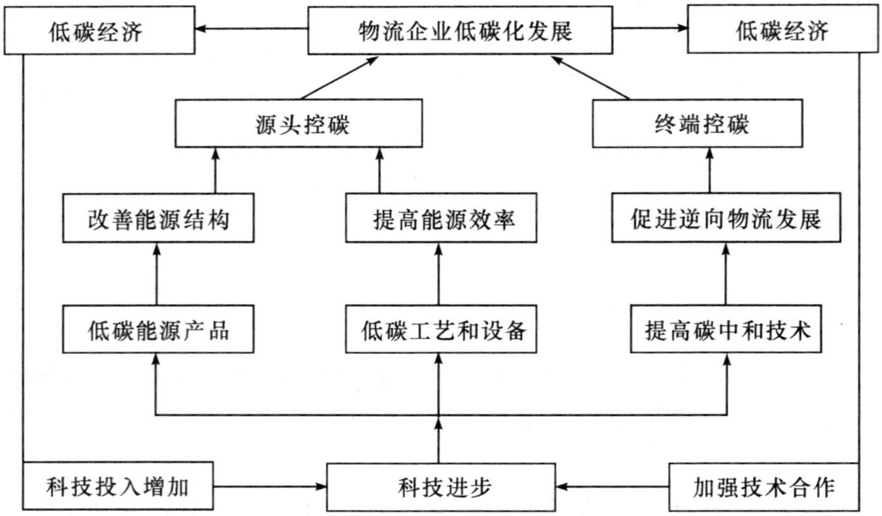

图 6-2　科技进步对物流企业低碳运营的驱动机制

资料来源:作者整理。

提升科技实力,依靠科技推动清洁能源的研发,以降低碳排放量。目前物流企业主要消耗的能源是石油,面对日益增长的能源需求以及国际石油价格高涨的外部环境,物流企业的发展将受到能源和环境的双重制约。研发低碳能源产品，可以改善高化石能源的能源结构，逐步形成多种可再生能源互补的能源体系，并最终实现零碳能源体系，这样既可促进能源的多元化发展，又能实现能源的可持续发展。因此依靠科技进步，积极发展风电、水电、太阳能和可燃冰等清洁优质能源和节能技术，通过优化能源结构来解决能源与环境问题已经刻不容缓。

从资源禀赋来看，我国水力、风能、太阳能等低碳能源的资源蕴藏丰富，为推进清洁能源的研发和运用提供了自然条件。具体来说，我国水力资源总量，包括理论蕴藏量、技术可开发量和经济可开发量，均居世界首位，其中水力资源理论蕴藏量为6.94亿千瓦，年理论电量6.08亿万千瓦时；技术可开发装机容量为5.42亿千瓦，技术可开发年发电量为2.47万亿千瓦时；经济可开发装机容量为4.02亿千瓦，经济可开发年发电量为1.75万亿千瓦时。但我国目前水力资源的开发程度按装机容量计算不到20%，低于世界22%的平均水平，远低于水电开发程度较高的国家50%以上的比例。水电与其他电力相比突出的优势是可大规模持续利用，目前开发水能资源技术成熟，水力资源开发潜力巨大。风能资源同样丰富，陆地可开发的风能资源约2.5亿千瓦时，而海上可开发的风能资源高达7.5亿千瓦时，且目前自主研发的200～700千瓦的各种风力发电机组已推广应用，自主研发的3MW永磁直驱风力发电机组和2MW双馈异步风力发电机组已在示范中，均为风能清洁能源的研究提供充足的条件。此外，被誉为21世纪最有希望的战略资源——可燃冰，由于使用方便、燃烧值高、清洁无污染等特点，被公认为地球上尚未开发的最大新型能源，目前我国已在南海、青藏高原冻土带先后发现了可燃冰，我国作为第三大冻土大国，具备良好的天然气水合物赋存条件和资源前景，据科学家粗略估算，远景资源量至少有350亿吨油当量。

科技进步除了推进低碳能源产品的研发外，还促进物流企业的流程优化和设备的改善。物流设备是物流系统中的物质基础，自20世纪70年代末以来，我国物流设备有了较快的发展，不仅各种物流设备总体数量迅速增加、自动化水平和信息化程度得到了一定的提高，而且物流设备在物流的各个环节都得到了一定的应用，但从整体上来看我国物流设备的发展并不能满足新世纪全新物流任务的要求，突出问题有物流设备的管理并没有被广泛纳入物流管理的内容，物流设备使用率不高，中低端物流设备较多,致使物流企业的能源效率较低。科技进步的推动,不仅可以改善目前的物流设备和流程,提升工作效率,而且还推进与低碳能源产品相适配的物流设备,促进物流企业低碳运营。此外,科技还能提高碳捕获和封存技术,广义的逆向物流包括对物流活动中失去使用价值的物品进行收集、储存等,目前逆向物流还未涉及到企业碳污染物排放的处理,碳污染物对逆向物流还是一个新的课题。随着碳捕获和封存的碳中和技术的提升,必然促进逆向物流的发展。

依靠科技进步,研发低碳能源产品,实现能源的多元化和可持续发展,清洁能源的供给与应用从源头上减少了物流企业的碳排放,同样低碳工艺和设备的研发与使用,极大地提高物流企业的能源效率,减少能源消耗,也是一种从源头上控碳的方式。同时,随着碳中和技术的提高、逆向物流的进一步发展,终端控碳的能力也会不断提升。由科技推进的控碳方式,分别从源头和终端上减少了物流企业的碳排放,两者齐头并进促进了物流企业的低碳化发展。

物流企业的低碳运营需要科技进步的推动,目前需要政府和物流企业加强合作把发展清洁能源和环境保护作为新的增长点来考虑,增加低碳新能源、低碳设备和碳中和技术的科研投入。此外还要加强与世界各国的技术交流与合作,建立起能源合作长效机制,充分利用国内外两种资源,优化能源结构,协同促进能源清洁生产和循环利用,以有效保护生态环境。

科技进步是推动物流企业低碳运营的原动力,但利益驱动是物流企业低碳运营的根本动力,只有触动企业的切身利益,物流企业低碳运营的意愿才会实现。从国际经验来看,碳交易触动了国际社会的神经,成为推动国家间低碳化发展的有效方式,同样碳交易也可以刺激物流企业的神经,促进物流企业将科技进步对低碳运营的推动力转化为现实的生产力、将低碳运营意向转变为现实。借鉴国际碳交易市场经验,发挥市场经济的优点,开放全国性的国内碳交易市场,允许国内企业从政府环保部门获得许可的碳排放量进行交易。就物流企业来讲,通过碳交易使那些难以完成削减任务的企业,必须付出较大代价从超额完成任务的企业买进超出的额度,而卖方企业则因出售多余的碳排放权利而获利。较大的碳交易获利使卖方企业还会采用更清洁的技术控制碳排放量,而付出较大代价购买碳交易权的企业也会采取有效措施进行节能减排。因此，采用碳交易，一方面可以控制总碳排放量，另一方面会促进企业采用有效措施减少碳排放，实现物流企业的低碳发展。

6.4.3　低碳运营的传导机制

动力机制使得物流企业的低碳运营能够获得原动力，但是物流企业低碳运营原动力的发挥还取决于传导机制的建立。物流企业低碳运营的传导机制是物流企业实现低碳化发展的传导载体和工具，以及这些传导载体和工具的运作方式。运输、储存、包装和流通加工等作为物流活动实际工作环节中的具体工作，如何有效地实现低碳运作对物流企业的低碳运营至关重要，物流环节的低碳化将产生低碳牛鞭效应，低碳牛鞭效应经过层层传导，潜移默化到物流企业的运营中。因此在物流企业的低碳运营中，低碳运输、低碳储存、低碳包装和低碳流通加工共同构成了物流企业低碳运营的传导因素。

(1)低碳运输

运输被称为现代物流的动脉，在现代物流观念诞生之前，人们将运输等同于物流，其原因是物流中很大一部分责任是由运输承担的，运输创造了物品的时间效用和空间效果，是物流第三利润源的主要源泉，低碳运输的实现将有力地推进物流企业的低碳运营。

低碳运输的实现需要低碳运输方式、低碳运输工具以及运输技术的支撑。目前的运输方式主要包括铁路运输、公路运输、水路运输、航空运输以及管道运输等五种基本运输方式，每一种运输方式有其独特的优缺点和适用范围，具体如表 6-5 所示，低碳运输方式要求根据物流物品特点、物流目的地等因素选择合适的运输方式，以充分发挥各种运输方式的优势。与低碳运输方式相适应，还需采用低碳运输工具，电动汽车等清洁能源运输工具是未来发展的方向。此外还要采用先进的运输技术，如运输方式的组合技术、运输线路的规划技术以及运输货物的装载技术等，以不断降低物流费用和有效地提高物流效率。

表 6-5　各种运输方式特点

运输方式	优点	缺点	适用范围
铁路运输	能够以相对较低的价格运送大量的货物	不能实现门到门的服务	大批量、长距离和低价值物品的运输
公路运输	可以实现门到门的服务	载重量有限	中短途、中小量、高价值物品运输
水路运输	成本低、运载量比较大	运输速度慢、易受天气的制约	长距离、低价值和大批量货物的运输
航空运输	运输的速度非常快、对货物包装要求较低	载运能力小、受气候条件限制比较大,且运输成本高	贵重、时间性要求很强的小批量货物运输
管道运输	运量大、运行稳定性强	灵活性差、承运的货物种类单一	单向、定点和量大的液体状货物运输

资料来源:作者整理。

低碳运输的传导作用使运输环节的节能减排得以实现,推动着物流企业的低碳运营,见图 6-3。物流企业通过采用低碳运输方式、低碳运输工具和先进的运输技术,一方面提高了运输的能源效率,另一方面避免了空车行驶、迂回运输、重复运输以及运力选择不当等不合理运输所造成的运力的浪费、运输时间的增加以及运费超支等问题。通过采用配载运输等措施提高运输工具的实载率,以及合理的运输手段、运输线路和配货方案等提高运输效率,从而及时、准确、经济、安全地将货物送达目的地。运力、运费的节约以及运输时间的减少,使物流企业降低了运输成本、节约了能源,从而实现低碳运营。

(2)低碳储存

与运输相对应,储存是以改变物的时间状态为目的的活动,储存活动不改变在库物品的功能、性质和使用价值,但通过保持和延续在库物品的使用价值而增加了在库物品的价值。储存活动的质量通过在库物品的数量和质量的完好程度、保证供应的及时程度来体现,储存活动以保证在库物品的质量为中心,在保证质量的前提下,充分发挥仓储设施设备的作用,提高仓库设施和设备的利用率,同时加速在库物品周转,缩短物品的在库时间,提高库存周转率。除了质量和效率的要求外,储存活动还要讲求经济性,为了实现一定的经济效益目标,力争以最少的人财物消耗,及时准确地完成最多的储存任务。

低碳储存的实质是在保证储存功能实现的前提下,能源消耗和碳排

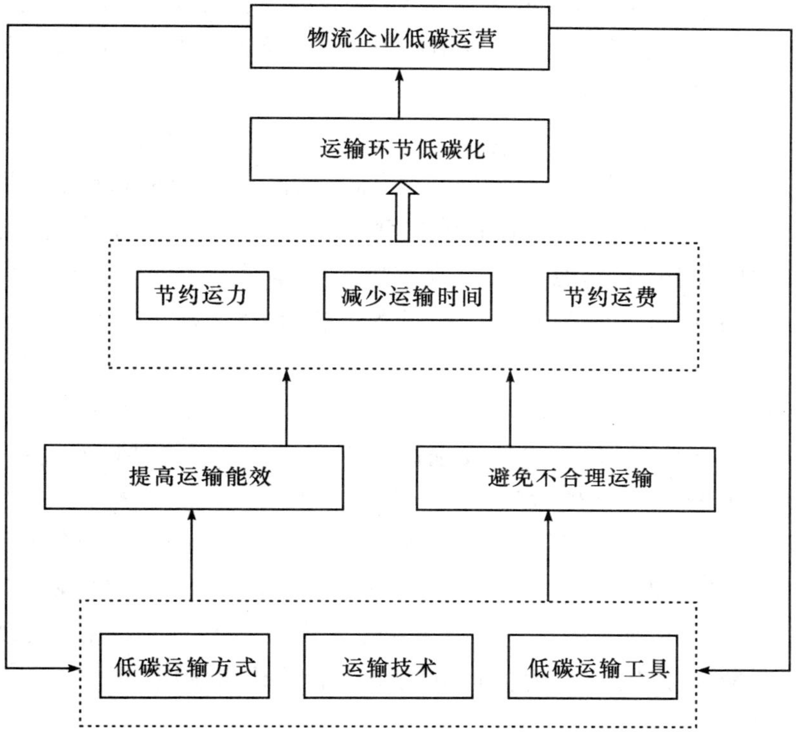

图 6-3　低碳运输对物流企业低碳运营的传导机制

资料来源：作者整理。

放量最少。随着工农业生产发展和交通运输规模的扩大，我国储存企业也迅速增加，但与生产和流通的规模相比，国内独立的专业化仓储企业相对较少，分散的企业自有仓库储存不仅储存费用高、储存设备利用率低，而且不利于物流资源的合理利用和储存设备的现代化。发展低碳储存，除了发展集中的专业化储存企业外，还要采用保证物品价值和数量的技术手段和控制方法，既实现储存物品的时间价值，又减少储存活动的碳排放。

低碳储存促进储存环节低碳化的实现，低碳储存通过储存环节的低碳化传导到物流企业的运营中。低碳储存需要采用有效的储存定位技术、监测清点方式、现代储存保养技术以及货物分类、出入库管理技术，以减少寻找、存取时间，准确监测掌握货物储存的实际情况，加快货物和资金的周转，避免货物储存时间过长或过短、储存数量过多或过少以及储存结构失衡等不合理储存现象。储存活动既保证了货物的质量，又提高了库存周转率和仓库设备、设施的利用率，储存环节节约了能源消耗，有力地促进了物流企业的低碳运营。

(3)低碳包装

包装在流通过程中具有保护产品、方便储运的功能，既可以防止装卸、运输、保管等过程中物品的破损变形，又可以防止化学变化、有害生物对物品的损伤，有效地保护产品不受损伤和损失。同时还便于储存作业过程中区分商品、装卸搬运作业过程中提高搬运商品的效率以及运输作业过程中方便运输。

低碳包装是在保证包装在运输、仓储过程中的保护和便利功能前提下，尽量减少包装材料使用量或选用环保包装材料，在包装的设计、制造以及使用中避免不合理包装，使包装轻薄化、单纯化、机械化、标准化和符合集装单元化，以提高装卸搬运效率、作业的效率以及包装的生产效率，同时注重包装的再使用和再循环处理，从而节省社会资源。低碳包装通过提升运输、储存效率以及包装的生产效益和环境效益，实现了节约能源和减少碳排放，从而促进物流企业的低碳化发展。

(4)低碳流通加工

流通加工是物品从生产领域向消费领域流动的过程中，更有效地满足产需双方的需要，使产需双方更好地衔接，对进入流通过程的物品进行简单加工，通过完善流通对象的使用价值提升物品价值。流通加工有效地完善了流通，是提高物流水平的功能要素，也是物流中的重要利润源。

低碳流通加工的实质是实现流通加工的最优配置，从而提高能效、减少碳污染物排放。低碳流通加工对物流企业的低碳运营的传导机制，主要通过合理布局流通加工、选择合适的流通加工方式，使流通加工与配送、合理运输等相结合所产生的最优效应来影响物流企业的低碳运营。具体来说，将流通加工设置在配送点中，既使流通加工与中转流通巧妙地结合在一起，又使配送服务水平大大提高；按照干线或支线运输合理的要求进行适当的流通加工，可以大幅提高运输及运输转载水平。低碳流通加工既促进配送与运输服务水平的提高，还提高了加工效率、原材料利用率以及设备利用率推动了物流企业的低碳化运营。

6.4.4　低碳运营的实现机制

控制碳源直接减少碳排放和增加碳汇间接减少碳排放，是物流企业两种不同的低碳运营实现机制。控制碳源实现机制主要针对我国物流企业的自身状况和特点，采用减法战略控制碳源、节能减排以降低排碳量，而增加碳汇实现机制则是根据森林生态系统功能和原理，采用加法战略通过增加碳汇方式，增加森林生态系统的碳贮量和碳吸收以达到间接减碳目的。

(1)控制碳源实现机制

控制碳源实现机制贯穿于物流企业的投入、生产和输出整个过程，通过从源头上节能减排和减少生产环节的碳排放以实现直接减碳目的，其实现需要物流企业在投入中选择环保节能和经济的运输方式、包装工具、仓储设施以及可再生能源等基础要素，在物流生产环节中通过完善高效的物流网络、信息化智能物流技术等软硬件的支撑，来优化物流运力结构、降低物流单位能耗和提高物流效率，此外还要对输出中产生的碳排放进行加工处理、封存和转化，以尽量减少碳污染排出。

从物流企业目前的发展水平、能源结构来看，从源头上控制碳源、减少碳排放需要一个渐进的实施过程，以石油化石能源为主的能源结构、较低的能源效率等都决定了物流企业不可能一步迈进低碳发展状态，坚持节约优先、立足自身、加强互利合作和提高能源利用效率更切实可行。在投入上把节约能源作为基本要求，在尽可能减少能源消耗的前提下，获得与原来等效的经济产出，可以在原来同样数量的能源消耗量，获得比原来更有效的经济产出，实现节约发展；在节约的基础上，充分依靠科技力量，增强自主创新能力，提升引进技术消化吸收和再创新能力，在立足自身发展的基础上，平等互惠与相关组织加强合作，突破能源发展的技术瓶颈，提高物流关键技术和设施装备水平，以实现在发展中实现节能减排，在节能减排中促进发展，并最终由高碳排放状态逐步发展到低碳排放状态、再到零碳排放状态。

(2)增加碳汇实现机制

发挥碳汇潜力，增加碳汇。碳汇是自然界中碳的寄存体，森林植被是地球上存在的巨大的碳汇。研究表明陆地森林植被的生长通过光合作用，可以吸收并将二氧化碳固定在森林生物有机体中，森林碳汇具有工业减排不可比拟的优势，其成本低、综合效益好，可以真实地吸收和减少二氧化碳。因此植树造林的功能并不是简单的绿化生态环境，它已成为生物固碳、扩大碳汇、减缓温室效应、减少二氧化碳排放最经济和最有效途径之一。发挥森林在减排中的作用和优势已成为国际社会共识，据第七次全国森林资源清查结果显示，目前我国森林面积为19545.22万公顷，森林覆盖率达20.36%，中国林科院依据清查结果和森林生态定位监测结果进行评估，认为我国森林生态系统年吸收大气污染物0.32亿吨，森林植被总碳储量达78.11亿吨，仅固碳释氧、涵养水源、保育土壤、净化大气环境、积累营养物质及生物多样性保护等六项生态服务功能年价值高达10.01万亿元，[①]大致相当于目前我国年GDP的三分之一。未来随着森林数量和质量的提高，碳汇林的大力培育以及森林资源保护管理和合理利用的加强，森林生态系统整体固碳能力还会进一步增强，森林碳汇为我国低碳物流和低碳经济的实现必然发挥重要作用。

增加碳汇需要发挥政府在增加碳汇工作中的引导、调节和监管职能，实现物流企业碳循环良性发展。政府通过加强宣传引导，提高社会和物流企业的责任意识，鼓励和支持社会各界“参与碳补偿，消除碳足迹”活动，倡导企业自愿捐资植树造林，增加森林碳汇；加大林业扶持力度，提高营造林项目的补助标准，通过补助加快荒山荒地造林绿化步伐，促进碳汇林基地建设，以增加森林资源；加强植树造林工程和森林管理活动，通过开展以增加碳汇为目的的造林和控制毁林活动，提高森林数量和质量，减少由毁林和森林退化造成的碳汇能力下降，增加森林生态系统的碳贮量和碳吸收。此外政府还可以通过税收方式，向物流高碳排放的企业征收碳汇税，将碳汇税专款专用于增加森林碳汇项目上，努力增加碳汇，以推动物流企业碳循环良性发展。

6.4.5 低碳运营的促进机制

在物流企业的低碳运营中，除了动力机制和传导机制外，促进机制

---

① 严冰、孔俊彬：《不容易呵，20%森林覆盖率！》，《人民日报》（海外版）2009年12月5日，第03版。

也非常重要，促进机制使物流企业的低碳运营获得更好的支持。社会公众低碳意识的提高和物流业结构的调整升级对物流企业的低碳运营促进作用显明。

(1)物流业结构升级

物流企业不断增强持续竞争水平、实现低碳发展，物流业转型升级势在必行。优化物流业结构，实现由粗放向集约增长方式的转变。我国物流业结构无论从市场层面、服务内容，还是供应链上都需要调整优化。从市场结构来看，我国物流业主要集中在低端市场上，低端市场因同质化服务而竞争激烈甚至出现无序状态，而很少有企业进入高端市场与国际物流企业抗争，我国物流业通过资源整合，组建实力雄厚的物流集团进入高端市场是物流业结构优化的一项重要内容；物流服务内容的调整，主要通过物流管理、科技创新和信息化水平提升物流业服务附加值，注重物流人才的培养，同时优化现有物流网络、运力、设备以提高物流业专业化、一体化服务水平；供应链的调整要注重第一、二、三产业的协调拉动，过分依赖工业和外贸将使物流业面临国际市场波动、工业经济下滑等因素的影响而潜伏较大的风险，瞄准市场动向积极开拓国内物流市场、农业和农村物流市场以及服务业物流市场也是优化物流业结构的使命。此外，物流业要从根本上摆脱高投入、高消耗的粗放型增长方式，过分依靠扩大投资规模、增加物流企业数量的外延性、数量上低水平的扩张使物流业无法实现可持续发展，物流业的可持续发展必须要改变只注重数量不注重质量、成本和效益的做法，走科技化、信息化道路。

推进物流业的结构升级，需要加快物流业资源整合步伐，以提升核心竞争力。从物流资源分布来看，不仅物流企业间资源同质化，而且地区物流资源分布不均衡，物流资源浪费严重。由于物流资源缺乏优化，我国物流业专业化服务水平整体较低、同业间竞争激烈、物流企业缺乏核心竞争力，我国物流业急需优化资源配置。物流资源的整合，既要在物流企业间、地区间进行整合，又要在资源内容上优化。物流企业间资源的整合，应结合企业的发展战略和市场需求特点，通过兼并重组、合资合作、战略联盟等资源整合手段，寻求资源配置与客户需求的最佳结合点进行资源配置，以消除物流业“小、弱、散”的制约和提升物流企业竞争力；地区间的资源整合，要根据目前我国物流业的区域分布格局和各地区物流市场特点、未来市场潜力等因素综合规划，要既能满足区域物流需要，又要消除物流业因过分依赖某地区经济拉动而导致的系统性风险。此外物流业的资源内容也需进一步优化，主要包括对客户资源、能力资源以及信息资源进行整合，这样一方面可以提高客户服务水平，另一方面能够避免因资源同质化产生的“红海”战争。

物流企业要实现低碳化发展，走转型升级之路是必然选择。物流业的转型升级，是我国物流业在未来较长时期的艰巨任务。转型升级带来的阵痛固然难受，但不调整优化，物流企业时刻会遭受痼疾的折磨，在经济形势发生下行变化时显得更为严重。物流业已成为我国十大振兴产业之一，具有广阔的发展空间，在政府和企业的努力下，走科技创新之路，不断提升物流业信息化水平、专业化服务水平和行业竞争力，对物流企业的低碳运营产生有力的推动作用。

(2)公众低碳意识提高

正如联合国环保规划署执行主任施泰纳所言：在二氧化碳减排的过程中，普通民众拥有改变未来的力量。公众的低碳意识程度推进着物流企业的低碳运营。与环境保护意识的产生、提高和促进作用相类似，公众的低碳意识是人类经济发展到一定阶段，公众基于自身的可持续生存和发展而产生的，人类在得到巨大物质文明的同时，也面临着因碳排放增加所带来的环境恶化，在困惑和反思中，公众低碳意识得到深入发展和提高。随着公众低碳意识的提高，选择低碳产品和服务成为生活的常态，一旦将低碳作为衡量产品优劣和选购标准时，会迫使企业在产品和服务的生产、消费、流通和分配等方面，更加注重低碳运作。物流企业也不例外。众所周知，“顾客就是上帝”，物流企业的生产运作行为要考虑买方市场的需求，只有将买方市场的低碳因素有效地考虑进去，明白该生产什么和如何生产，才能在市场上有一席之地、获得其旺盛的竞争力。

随着低碳概念的不断升温，公众对低碳的认识在逐步加深，但是目前低碳生活和消费还未成为公众的主流生活方式。提升公众的低碳意识，使低碳意识在公众心中深深扎根，需要政府加强宣传引导，充分发挥互联网、广播电视和报纸等媒介作用，同时开展社区宣传活动，全方位、立体式地将低碳观念渗透到公众的思想中，此外还让公众切身享受到低碳成果，从而使低碳意识潜移默化地成为公众的生活方式和生活习惯。

公众低碳物流消费观念的加强以及公众对物流企业低碳运营的监督，必然促进物流企业自觉进行低碳化发展。

6.4.6　低碳运营的约束保障机制

物流企业的低碳运营很大程度上依赖于市场机制的发挥，但是市场机制并不是万能的，物流企业的低碳化发展需要政府的参与，需要政府发挥制度供给功能，通过制度规范市场，需要政府的政策法规、科学规划来保障和约束物流企业的低碳运营。

（1）低碳政策法规

政策法规是个体公民和企业公民必须遵守的行为准则，违法者必受法律制裁，因此，低碳政策法规是推动低碳经济和企业低碳发展的强制性力量。总结国际上成功的环保道路，许多发达国家都走过了一条以法治理环境的道路，即通过制定严格的标准和法规来达到控制污染和保护环境的目的。物流企业的低碳化发展同样具有很鲜明的制度依赖性，低碳物流的兴起与发展在很大程度依赖于经济制度和低碳环境保护政策的制定和实施情况。发达国家的环保经验，已证明一国的环境保护程度与该国环境规章制度的严格程度成正相关关系，环境规章越严格，企业与社会对环境问题越关注，才会从自身利益出发寻求成本最低的污染治理方式，如德国、日本等发达国家的环保之路正是依赖于严格的环境法规政策得以实施的。

国内还没有完善的低碳法规，相关的法规有《煤炭法》《节约能源法》《可再生能源法》《清洁生产促进法》《循环经济促进法》《固体废物污染环境防治法》等法律，其中《节约能源法》和《可再生能源法》主要针对生产环节，强调资源和能源投入的减量；《清洁生产促进法》主要强调生产过程中废弃物的减量化，《固体废物污染环境防治法》则主要强调减少废弃物产生后对环境的影响。《可再生能源法》《清洁生产促进法》与《循环经济促进法》的出台与实施从节能减排、提高能源效率、大力发展新能源和可再生资源等方面对支持物流企业的低碳发展具有重要的推进作用。当务之急要借鉴国外成功模式，在总结各个企业、各个区域发展低碳物流的经验的基础上，由政府根据物流企业碳排放的重点企业和重点地区的物流企业，分别制定指令性的碳减排的总体指标和年度应完成的碳减排任务,并由政府的环境管理部门与其签订碳减排协议,违约者应承担生态赔偿责任。尽快在国家层面出台发展低碳物流相配套的法律法规和扶持政策,使物流企业及时改变运营模式,关注碳排放和碳管理。低碳法规通过不断扩大调整范围,提高环保要求,受政府的低碳法规、政策所驱动,拉动物流企业低碳化发展。此外,在政策措施保证方面要积极拓展制度创新,从国家层次、城市层次、企业层次各个方面为低碳能源技术、低碳物流技术、碳污染控制技术道路制定政策法规,通过重税、取消财政补贴、收取高额排污费等政策,迫使企业放弃高能耗、高污染、高排放的行为,逐步转移到可持续发展轨道上来,从而为物流企业的低碳运营提供有力保障。

(2)政府科学规划

物流企业的低碳运营与政府的科学规划存在很强的相关性,与低碳物流发展相关的政府科学规划成为物流企业低碳运营的外在推动力,不断推进物流企业的低碳发展。政府科学规划对低碳运营的社会、经济和环境等各项要素进行统筹安排,以国家方针政策为依据,既解决当前诸如低碳能源、能源利用等突出问题,又合理预期未来低碳运行发展变化,因地制宜地推进企业低碳发展。

目前与物流企业低碳运营相关的政府规划有:《节能中长期规划》《可再生能源中长期发展规划》和《核电中长期发展规划》等,其中《可再生能源中长期发展规划》明确规定优先开发水力和风力作为可再生能源,将可再生能源占能源消费总量的比例从7%大幅增加到2010年的10%和2020年的15%。《"十二五"节能环保装备专项规划》也即将出台,"十二五"规划将如下工作作为工作重点:加强低碳技术研发与应用,在钢铁、建材、有色、石化化工、装备等重点行业选择一批技术成熟、减排潜力大的低碳技术,实施低碳技术示范工程,推动传统产业的低碳化改造,开展低碳工业园区试点示范;建立企业、园区、行业等不同层次低碳评价指标体系,探索低碳产业发展模式;推动碳标识、低碳认证、碳排放标准研究,探索基于行业碳排放的经济政策;利用税收、补贴、罚款、排污收费、排污权交易等,建立促进资源节约、环境友好的激励机制和政策环境,并建立节能环保融资绿色通道,实施鼓励资源节约、环境友好产品出口的贸易政策。一系列减缓气候变化的政府规划,显示了中国政府高度重视应对气候变化、保障能源安全、实现低碳发展的决心，也为低碳物流的发展创造了良好的法律与政策环境，推进物流企业有序化低碳发展。

6.5 本章小结

物流企业实现低碳化发展需要具备一定的运营条件，主要包括：良好供应链伙伴关系的建立、加强低碳技术的应用、物流网络节点的优化、低碳能源的供给与使用以及物流信息化建设的提高。物流企业要实现低碳化发展，企业的政治环境上需要政府部门持久、稳定的政策支持和制度支持；经济环境上要求在保持经济的平稳、健康发展的基础上，重视市场机制在促进物流企业低碳化发展的作用；法律环境上要求加快相应的立法和法律实施工作，技术环境上要求加快低碳科研成果向现实生产力的转化，人文环境则要求发动社会公众参与节约能源、减少二氧化碳等温室气体排放。

我国物流企业已由最初的兼营性企业不断发展成为专业化的物流企业。物流企业无论从数量上还是质量上都有跨越性的发展，但是不可否认物流企业运营中仍存在许多问题，主要问题有：物流企业集约化经营程度低、一体化服务水平低和同构化严重、组织管理水平普遍偏低以及分布不均衡、依附性强等。

通过对比物流企业运营现状与企业低碳运营的条件、低碳化发展对企业运营环境的要求，发现物流企业低碳化发展存在的主要问题有：缺乏低碳意识、能源结构以油料非再生能源为主、物流的集疏运基本依赖于汽车公路非节能运输方式、物流节点的设置有待优化、尚未形成物流标准化体系以及物流网络和信息化建设滞后等，诸多问题都严重地影响了物流企业的低碳化发展。

物流企业低碳化发展是一个涉及面广、影响因素众多的复杂系统工程，是由动力机制、传导机制和实现机制等三个主导机制，以及促进机制和约束保障机制等两个辅助机制共同作用的结果。物流企业的低碳运营机制包含着一条主线和两条辅线，主线由“动力机制—传导机制—实现机制—物流企业的低碳化发展—低碳经济发展”构成，形成了物流企业低碳发展的内循环。“低碳经济发展—国民经济发展—促进机制”这一辅线与“低碳经济发展—国民经济发展—保障机制”另一辅线与内循环共同构成一个外循环。动力机制主要包括科技进步和利益驱动，低碳运输、低碳储存、低碳包装和低碳流通加工共同构成了物流企业低碳运营的传导机制，控制碳源直接减少碳排放和增加碳汇间接减少碳排放，是物流企业两种不同的低碳运营实现机制，产业结构调整优化、公众低碳意识的提高是促进机制，低碳政策法规保障和科学规划是约束保障机制，它们共同作用推进物流企业稳定、有序地实现低碳化发展。

第 7 章　物流服务低碳化发展的路径与策略

物流企业由于高能源消耗必然成为节能减排的重点，在低碳经济时代下，物流企业低碳化发展势在必行。如何在不影响物流企业发展的前提下，尽可能最大限度地减少碳排放？显然探讨物流企业低碳化发展的路径至关重要。本研究基于对物流企业运营瓶颈的研究，探讨了物流企业低碳化发展的路径，并进一步提出了相应的低碳化发展策略。

7.1　物流服务低碳化发展的路径

通过对物流服务低碳运营的条件、高碳排放的原因、影响因素的研究，从物流企业低碳化发展的源头上、运营过程中和末端上探讨了物流服务低碳化发展的路径，具体来说，主要包括：改善能源结构，从源头上控制碳源；通过提高能源效率，以减少运营过程中的碳排放；注重碳处理，末端上消碳。

7.1.1　改善能源结构，从源头上控制碳源

改善能源结构，可以最大可能地减少碳源。物流企业要实现低排放，调整优化能源结构是其与环境、经济协调发展的客观需要和战略要求。我国物流企业终端能源消费结构单一，消费的能源品种有煤炭、焦炭、石油制品、天然气以及电力等，但从能源终端消费量来看，物流企业的能源消耗以煤炭和石油非再生、非清洁能源为主，尤其是以油料非再生能源为主。众所周知煤和石油能源是污染最重的能源之一，高污染能

源消耗势必高温室气体和大气污染排放，不仅如此。煤和石油能源还面临着能源枯竭的威胁。我国本身石油蕴含量就低，20 世纪 90 年代初期我国就已成为石油净进口国，受国际形势变化的影响，石油的长期、稳定供应并不乐观，物流企业要实现低碳化发展，亟待发展清洁、可再生能源。

改善能源结构，需要逐步建立低碳的能源系统。低碳能源系统的建立，需要创新发展可再生能源技术、节能减排技术，同时加快低碳科研成果向现实生产力转化，实现能源多元化、清洁化发展，以共同推动物流企业的低碳化发展。由于水力、风力、太阳能等原材料可以再生，清洁、可再生能源不存在能源耗尽的可能，消耗后可以得到恢复补充，不产生或极少产生污染物，成为理想的能源，因而日益受到重视。由于清洁能源的研发需要大量的人力、物力，投资和维护成本高，仅靠政府或企业自身是很难完成的，因此需要政府和企业通力合作，把发展清洁能源和环境保护作为新的增长点来考虑，不断增加低碳新能源的科研投入。随着低碳科研投入的加大、低碳科学技术的进步，将会极大地推进核电、水力、风力、太阳能等可再生、清洁型能源的研发，通过能源结构的优化，在源头上控制物流企业的碳排放。

日本地震中出现的核危机使我国政府转变了发展核电的规划，但从资源禀赋来看，我国水力、风能等资源蕴藏丰富，为推进能源研发和科技进步提供了自然条件，未来需要政府和企业加大清洁能源研究投入，政府将上交的科研投入汇集后成立专门的清洁能源基金，集政府、企业、高校和科研机构之力组建清洁能源研发机构，并设立专门的监管部门来监管清洁能源研究机构，以尽快研发成本较低的清洁能源。同时还要加强与世界各国的技术交流与合作，建立起能源合作长效机制，充分利用国内外两种资源，积极发展风电、水电等清洁优质能源和节能技术，优化能源结构，协同促进能源清洁生产和循环利用，以有效保护生态环境。除了研发清洁能源，还要加快清洁能源研究成果的商品化、资本化，避免研发与应用的分散与脱节。产学研脱节、科技成果转化乏力曾是一个普遍现象，由于主客观原因的存在，导致研发与应用出现两张皮，研究成果不符合市场需求或者转化中困难重重，制约了研究成果转化的进程，因此要发挥政府、企业、高校以及专业研究机构的优势，建立起清洁能源研究成果转化应用的管理体制和运营机制，不断满足成果转化的先决条件、基本条件、必要条件以及客观条件等，以实现清洁能源研究成果的产品化、规模化和产业化。

7.1.2 提高能源效率，减少运营过程中的碳排放

与以开发新能源和清洁能源控制碳排放相比，提高能源效率是最直接、现实的减少碳排放路径。我国是一个能源消耗大国，不仅能源消耗总量居世界前列，而且能源效率也比发达国家落后很多，如何提高能源效率是我国经济发展面临的一个紧迫问题。物流企业同样面临着提高能源效率问题，通过提高能源效率，可以降低单位产出消耗的能源，从效率层面来说减少了碳排放。同时与结构层面的改善能源结构路径相比，效率层面的提高能源效率路径更具操作性和现实性。针对物流企业的运营现状，提高能源效率需要：

(1)延伸物流价值链，提升物流产品附加值，从而提高物流企业的能源效率。能源效率的高低决定了能耗的大小，提高能效，做到低能耗，即可达到减少碳排放的目的。产品结构不合理是导致我国物流企业高能耗的主要原因，我国大型物流企业较少，主要以中小型物流企业为主，且小型运输企业居多，产品主要集中在运输和装卸环节，产品附加值低，未能涉及高利润领域，处于价值链的低端。物流产品低端化、附加值低的一个致命弊端是物流产品易被复制，造成低端物流产品市场竞争过于激烈，而高端物流产品市场少有物流企业问津，物流供求矛盾加剧，从而制约了物流企业的发展，物流企业急需进行产品升级，向价值链的高端延伸。

延伸物流价值链，需要物流企业改变经济增长方式，推进产品升级，实现从单纯的运输、仓储等简单物流产品向为客户提供一体化、一站式的综合物流整体解决方案延伸，根据物流企业自身的状况、定位以及外部环境等诸多因素，对物流产品的效益进行考虑，收缩低盈利物流产品、剥离非核心业务以及撤出低潜力市场，将企业的资源使用在更有效益的物流产品上。通过参照外部环境，基于价值链，挖掘企业的核心竞争能力，同时整合产业链的相关资源，确立企业的核心地位。此外，物流企业要摆脱高依赖境地、走出“微笑曲线”的底端，实现价值链的攀升，还需要

在设计研发和品牌两个利润制高点上取得突破，借鉴“6＋1”模式[①]，实现从简单物流产品向注重设计、品牌销售以及售后服务的高附加值物流产品转变。价值链痼疾的解决，物流企业的能效必然大幅提升，从而有力地促进低碳化发展。

(2)推进物流企业信息化建设，提升物流企业的发展水平，以促进节能减排。发展水平的提高，有利于降低碳排放量。我国物流企业整体发展水平不高，使物流企业根本无力顾及碳污染、碳处理等问题，直接影响了物流企业的低碳化发展。提升物流企业的发展水平，需要信息技术的支持，从设计到生产、经营管理、资源整合等方面莫不如此。物流企业信息化技术由于集成了电子信息、自动控制、现代管理、先进制造等多项高新技术，能够同时调控物流、资金流、信息流，有效提高物流产品质量和劳动生产率，大幅度地增强物流企业的竞争力，信息化已成为当今世界物流企业发展的大趋势。

提高物流企业的信息化程度，目前需要大型物流企业牵头，以高等院校、科研院所为技术支撑，联合系统集成商、软件供应商等组织，基于信息技术将物流产品设计、生产及管理过程数字化，开发出符合物流企业自身特点的数字化设计与物流生产系统、过程自动控制系统、企业管理与电子商务系统以及集成制造系统等。通过对信息、信息资源、信息化技术、信息化系统、信息化用户的全方位强化管理，从而加快新物流产品开发和产业化、推广先进物流技术和节约清洁生产方式，以提升物流企业的发展水平和降低能耗。

继交通运输部在武汉举行“车、船、路、港”千家企业低碳交通专项行动启动仪式后，物流企业在低碳减排领域纷纷开始寻找自己的起跑路径，中国远洋物流有限公司和远成集团有限公司是试水低碳的物流企业大军中的一员。两者均通过提升企业的信息化水平，提高了企业的能源效率和发展水平，减少了碳排放。中国远洋物流有限公司是我国最大的中外合资第三方物流企业，以提供现代物流、国际船舶代理等服务为主，做最强的物流服务商、做最好的船务代理人是企业追求的目标，为了向

---

① 郎咸平：《产业链阴谋——一场没有硝烟的战争》，东方出版社 2008 年版，第 2—3 页。

货主和船东提供全套解决方案和高效、便捷的服务，企业建设了以现代科技为支撑的物流平台。其中绿色供应链是中国远洋物流有限公司 IT 战略的重要组成部分，绿色供应链通过 IT 系统对中国远洋物流有限公司的供应链进行优化，对各个供应链的选址、数量、能量、运输、设计、燃油、路线进行平衡安排，甚至还包括燃油种类的选择和用量确定等，从而帮助中国远洋物流有限公司优化了供应链、降低了成本、提高了服务水平并降低了碳排放量。2004 年度被誉为我国最具竞争力的物流企业——远成集团有限公司，是一家以提供铁路行包快递、大型公路运输等服务的全国最大的民营物流企业，为保证客户享受到最好的全方位服务，公司利用自身先进物流技术，整合集团资源，优化资源配置，建立了远成物流信息管理系统，该系统通过对物流运作的高效规划，增强了物流全过程的监控能力和实施了运输、仓储、装卸、配送和包装等物流活动的低能耗和低排放管理。

(3)提升物流企业的技术创新和管理能力，以提高单位能耗产出。早在 1912 年经济学家熊彼特就提出创新概念，并把创新作为新的生产要素，20 世纪 70 年代以后创新研究得到空前的重视和发展，由于技术创新能够提高产品质量、开发生产新的产品、不断提升企业的运营和服务效率，作为一种价值增值的有效方式，得到了越来越多企业管理者的认同。尤其对我国物流企业来说，由于主客观多方面原因，企业规模偏小、产品附加值低、整体发展水平不高，许多企业面临着继续发展的困难、扩大服务范围的困难以及保持赢利能力的困难等，技术创新无疑是一条解决企业困难的便捷路径，也是改变资源产出效率的最优方式之一。除了技术创新之外，提升物流企业的管理水平也是提高资源产出效率的重要方式。通过加强物流订单管理、库存管理、成本管理以及供应链管理等手段，可以有效整合物流资源，消除部门间的冗余，加强各个物流功能之间的联系，使企业内部每个部门、每个层次的员工的行为能够协调起来，保证企业以最低的成本、最快的速度获得最大的收益。

航运巨头中海集装箱运输股份有限公司在低碳经济背景下以技术和管理手段已迈出了低碳发展的第一步，企业不仅收获了节约能源、降低成本的直接效益，而且还减少了碳排放，成为低碳物流的领航企业。具体来说，技术创新的行为有：分批将船舶的传统防污漆改为新型防污漆、将原来的机械式注油器改造成 ALPHA 注油器等，由于新型防污漆的使用可以减少船体的阻力，因此达到降低燃油消耗的目的，与改造前相比平均节油率约 5%，每年就可节约燃油达 11500 吨，而注油器技术改造项目收益更大，改造后的 ALPHA 注油器油耗较改造前下降了 17%，大大降低了主机气缸油的消耗。公司不断地谋求从多方面、多角度发掘节能潜力，在技术节能的发展空间与潜力逐步压缩减少的情况下，开始将节能工作重点逐步转向大力推行管理节能。通过设计最优航路，加强跨洋航行船舶的跟踪，细化气象导航，从而缩短了船舶的跨洋航程；登船实地检查和反复分析船舶反馈数据，在确保班期的前提下，制定船舶 40%MRC 负荷运行的管理办法和操作指南，实行了船舶超低负荷运行的常态化管理。此外，通过加强船舶每日油耗监控，公司调度和船管部门每日跟踪油耗和船存情况，以确保每艘船舶每日油耗控制在合理范围。通过科学管理船队与优配运力等有效措施，企业取得了显著的节能减排成效。

7.1.3 注重碳处理，从末端上消碳

与源头上控制碳排放路径相比，末端消碳路径被动但又不得不为之。末端消碳是为了正确处理碳排放污染物，在高效和适当成本下，对碳排放进行规划、储存和控制。目前国际上常用的末端消碳方式是将捕获、压缩后的二氧化碳运送到指定的地点进行长期封存，即碳封存。根据碳封存的地点和方式不同，碳封存可分为地质封存、海洋封存、碳酸盐矿石封存以及工业利用固存等。其中地质封存是将二氧化碳注入油田、气田、咸水层等地质结构中，不仅可以相当长地封存碳，而且可以提高煤层气采收率，因此已被油气行业利用了数十年，目前地质封存技术比较成熟；海洋封存是通过管道或船舶把碳迅速溶解到深层海水中进行封存，由于还未探明海洋封存是否对海洋环境和海洋生物存在风险，因此还存在不确定性；而化学封存是通过化学反应将碳转化为无机矿物性碳酸盐，从而实现永久性封存，该技术仍处于研究阶段，其经济可行性和减排效率也存在较大的不确定性。

碳封存由于能够有效减少碳排放，减缓气候变暖效应，被国际社会重视并认定为解决气候变化问题的最佳选择之一。碳封存的研究开始

于1977年,2000年后有了迅速的发展。许多发达国家对碳封存的研究与开发已有10多年的历史,目前国际上正在开展的碳捕获商业项目、研发项目以及地质封存示范项目、研发项目很多,比较著名的是挪威的Sleipner项目、加拿大的Weyburn项目、阿尔及利亚的InSalah项目和德国黑泵电厂项目等。其中,挪威国家石油公司运营的Sleipner项目开始于1996年,是世界上首个将碳封存在地下咸水深层的商业实例,该项目每年可封存碳的达100万吨;德国黑泵电厂是世界上首个能捕集和封存自身所产生的碳的燃煤电厂,电厂项目由瑞典瀑布电力公司于2008年9月9日在德国东北部的施普伦贝格动工建设,电厂装机容量为30MW。我国也积极参与碳封存项目,早在2008年就开始了华能－CSIRO燃烧后捕集示范项目,该示范项目对华能北京高碑店热电厂进行碳捕集改造,设计碳回收率大于85%,年回收碳能力为3000吨,全球最大的燃煤发电厂碳捕捉项目落户上海,预计年捕捉10万吨碳,更多的碳封存项目正在规划和建设当中。

虽然碳捕集和运输技术比较成熟,地质封存也有先例,但碳封存还面临着技术和资金瓶颈,全世界还没有一条完整的集碳捕集、运输、到封存的产业链系统,碳封存技术也没有明确的商业应用模式,碳封存的发展依赖于政府的政策支持、企业的资金支撑和国际间的合作。对于物流企业来说,需要密切关注碳封存的发展状况,结合自身碳产生和排放特点,借鉴碳封存的成功经验,积极获得政府的政策支持,优化资源配置,与其他企业之间建立广泛的联系和协作平台,对物流设备进行改造并研发配备相关碳处理设施以尽可能在运营末端消碳。此外还要积极发挥碳汇潜力,通过植树造林来增加碳汇,既符合我国国情,又是一条有效的应对气候变化的重要举措,因此物流企业一方面要加大公司绿化建设,另一方面积极参与植树造林项目,以最大可能减少碳排放。

7.2　物流服务低碳化发展的对策

物流系统包含运输、仓储、包装、配送等子环节,只有每个环节实现了低碳化运行,整个物流系统的效率才能得以改善,才符合物流低碳化发展的内涵。针对物流企业的发展现状，本书提出了相应的低碳化发展对策，具体对策包括：

7.2.1 建立综合运输体系，实现低碳运输

相对于单一运输方式，综合运输体系是把公路、铁路、水路、航空等各种运输方式有机联系在一起，并交织成一个安全、节约、高效和环保的完整便捷系统，通过多种运输方式的分工协作，形成效率更高、效益更好的运输能力、各种运输方式能够各司其职、各展其长的运输系统。综合运输体系的优势还表现在：它既吸取了铁路、汽车、船舶、飞机等基本运输方式的长处，又把它们有机地结合起来，实行了多环节、多区段、多运输工具相互衔接的商品运输，克服了单个运输方式固有的缺陷，在整体上保证了运输过程的最优化和效率化；该运输方式要求装载工具及包装尺寸标准化、以集装箱作为联结各种工具的通用媒介，由于全程采用集装箱等包装形式，可以减少包装支出，降低了运输过程中的货损和货差；同时，从物流渠道看，综合一贯式运输体系可以有效地解决由于地理、气候、基础设施建设等各种环境差异所造成的商品在生产和销售空间、时间上的分离，促进了产销之间紧密结合以及企业生产经营的有效运转。

从运输的方式来看，公路运输所产生的二氧化碳绝对值最大，海运运输和空运次之，铁路运输最小。通过采用最新技术，如使用混合动力或清洁能源技术的汽车以及能源利用率较高的引擎技术，运输耗能将大大减少。根据前述分析，海运和铁路运输最环保，公路运输次之，空运效率最低。因此，如条件允许，尽量采用海运或铁路运输，减少空运。

(1)确立铁路运输在低碳物流运输体系中的骨干地位。在综合交通体系中，铁路具有低排放、大运量的优势。以高铁为例，高铁采用电力驱动，不仅人均能源消耗相对较少，仅相当于航空运输的四十分之一，汽车运输的五分之一，而且基本上没有碳排放，是一种利用清洁能源的交通方式，铁路运输具有其他运输方式不可比拟的节能优势，因此理应确立铁路运输在现代物流体系中的骨干地位。从铁路运输基础设施来看，我国铁路拥有基本覆盖全国的设施网络、信息网络和经营网络，能为各主要货流方向提供强大的通道运输能力，因此对于大批量、中长距离的物流运输具有明显的技术经济优势。同时，我国铁路拥有众多的边境口岸

站、港口站等物流设施，对于中西部经贸发展、外向型经济的规模化发展以及开展国际物流服务等都提供了相当的基础条件，铁路运输已成为实现现代物流向内陆地区有效延伸扩展、构建强有力的集装箱海陆空多式联运系统的最有效载体。因此，铁路对于构建我国高效的现代物流体系具有不可替代的重要作用。

(2)加快智能公路系统建设，实现公路运输的低碳化。智能公路系统建设，首先要加强公路运输信息系统建设。智能运输管理系统的建立，需要将先进的信息技术、通信传输技术、电子传感技术、电子控制技术和计算机处理技术等有效集成，建立起一种在大范围内、全方位发挥作用的实时、准确、高效的综合运输和管理系统。利用该智能运输管理系统，不仅交通管理部门可以进行合理的交通疏导、控制和事故处理，而且运输部门可以随时掌握车辆的运行情况，进行合理调度，从而改善交通拥挤和阻塞，最大限度地提高整个运输系统的机动性、安全性和运行效率。其次，企业要建立起公路运输货物计算机辅助管理系统，以实现决策支持、车辆调度、财务管理、人事管理等功能。具体来说，需要开发应用 GPS 车辆跟踪定位系统、GIS 车辆运行线路安排系统等技术，以促进运输生产的自动化。这些技术的优势体现在：GPS 卫星定位系统的建立，可以精确地给车辆定位与导航，提高汽车的回程率；地理信息系统技术、卫星定位技术和电子数据交换技术可以优化车辆运行调度，提高车辆效率。通过运输信息系统的精密计算与调度，可以极大地减少空车无载货行驶、对流运输、迂回运输与重复运输等不合理的运输方式，以及不合理运输方式带来的资源浪费与环境污染。当然，受我国目前的道路规划与物流企业发展程度的制约，不可避免地会产生空车起程或返程的情况，但这方面的成本是可以减少的，对企业来说可以通过完善计划来减少这种资源的浪费。此外，还需要加强企业现有的内部网络系统与全国统一的货运电子商务系统联网，以提供全国的货源信息，实现统一调度和统一配载，通过传输和自动处理道路运输相关的信息和单证票据，从而提高运输效率。

(3)使用清洁能源和低碳运载工具。目前国内物流企业的车辆运输主要靠汽油或柴油驱动，而这些油品燃烧时会产生大量的二氧化碳以及一些有毒物质，因此对环境会产生严重的污染。从环保的角度出发，应该鼓励生产以甲醇、乙醇、液化石油气、压缩天然气、太阳能等替代燃料为动力的汽车，以新能源作为燃料，研制新型发动机，以提高车辆燃料效率和减少碳排放。

运载工具上，要针对大吨位、重型专用运输车高速安全、单位运输成本低，以及专用车产品重型化、专用功能强、技术含量高的特点，大力发展8吨以上的重型柴油车和集装箱牵引车。一方面进一步提高重型专用车辆的比重，另一方面鼓励发展适合城运的冷藏货物、散装货物、液态和气态货物的特种车辆，同时积极推广散挂汽车列车运输技术和集装箱拖挂等集装单元在货物运输领域的运用。加快货物车辆厢式化进程，争取在较短时间内逐步淘汰现有的普通敞篷货车，实现货物无裸露运输。大吨位车、重型专用车特别是集装箱列车因高速安全、单位运输成本低而成为我国未来公路运输车辆的主力，要及时调整运输装备企业的发展模式。因此，需要公路运输装备的发展模式从低吨位、低完好率、低速的中型卡车向高吨位、高完好率、高速的重型卡车发展，从散货式卡车向集装箱式卡车发展，从高比重的短距离运输向高比重的长距离、超长距离运输发展。

7.2.2 包装减量化，实现低碳包装

研究发现产品的包装占到整个产品重量的5%左右，因此减少包装既可以节约包装在生产过程中所产生的碳排放，也可以减少运输包装而产生的碳排放。零售业巨头沃尔玛是包装减量化的佼佼者，通过减少包装，沃尔玛既减少了成本，又提高了效率，实现了可持续发展。通过减小各种产品的包装，沃尔玛每年大约就可以节约超过30亿美元的开支，其中减少单个玩具的包装项目，2005年沃尔玛就节省了240万美元的物流开支。包装减量化给企业带来的不仅是直接的经济收益，而且还有间接的环境收益。

减少包装，有助于节约资源和保护环境，促进企业实现低碳化发展。包装减量化的实现，需要在生产过程中尽量采用简化的、用可降解材料制成的包装，在流通过程中采取措施实现包装的合理化与现代化。具体来说：

(1)包装模数化。包装模数化即包装标准化，通过确定包装基础尺

寸的标准，实现包装的通用化。包装模数要尽量和仓库设施、运输设施尺寸模数统一化，包装模数标准一旦确定以后，进入流通领域的各种产品便需要按照模数规定的尺寸包装。模数化包装不仅有利于小包装的集合，实现集装箱及托盘装箱、装盘，而且也利于运输和保管，从而实现物流系统的合理化。

(2)包装大型化和集装化。包装的集装化，有利于物流系统在装卸、搬运、保管、运输等过程采用集装箱、集装袋、托盘等集装方式实现机械化操作，从而加快物流各环节的作业速度和提升物流运营效率。而包装的大型化，既有助于减少单位包装，节约包装材料和包装费用，也有利于保护货体。

(3)包装循环化和再生处理化。包装循环化即实现包装的多次、反复使用，需要企业采用通用包装、周转包装以及梯级利用包装，通用包装可以不用专门安排回返使用，饮料、啤酒瓶等周转包装，可实现多次反复使用，而梯级利用包装，可以把一次使用后的包装物，转化为它用或经过简单处理后转做他用。再生处理化主要针对废弃包装，对废弃包装物经过再生处理，然后转化为其他用途或制作成新材料，此外开发新的包装材料和包装器具时，尽量用较少的材料实现多种包装功能。

7.2.3　开展共同配送，实现低碳配送

共同配送是由多个企业联合组织实施的配送活动，主要由几个中小型配送中心联合起来，分工合作对某一地区客户进行配送，可以有效地解决由于某一地区的客户所需要的物品数量较少而引起的使用车辆不满载、配送车辆利用率不高等问题。根据配送对象不同，共同配送可以分为以货主为主体的共同配送和以物流企业为主体的共同配送两种类型。从货主的角度来说，通过共同配送可以提高物流效率和降低物流成本，以中小批发商货主为例，批发商各自配送很难满足零售商多批次、小批量的配送要求，而采取共同配送方式，可以满足零售商多批次、小批量的配送要求，不仅中小批发商可以实现少量配送，而且零售商可以进行统一验货，从而提高了物流服务水平。从物流企业角度来说，共同配送带来了巨大的收益，尤其是一些中小物流企业，由于受到资金、人才和管理等方面的影响，这些企业的运量少、效率低、使用车辆多，在物流合理

化和效率上受到一定的制约。如果打破企业边界,彼此合作,采用共同配送方式,以上诸问题均可得到较好的解决。因此,共同配送无论对货主还是物流企业来说,不仅可以最大限度地提高人员、物资、资金、时间等资源的利用效率,使其取得最大化的经济效益,而且可以去除多余的交错运输,从而缓解交通压力,获得保护环境的社会效益。随着消费者对物流速度的要求会越来越高,直达运输将大力扩张,不同的物流公司通过共享直达运输渠道,把相同直达目的地的货物集合到一起运输和配送,从而可以有效地提高运输效率、大幅减少企业成本、提高服务质量以及减少碳排放。

开展共同配送,需要:(1)优化物流配送路径。优化物流配送路径,可以大幅减少碳排放。以全球包裹快递服务商为例,UPS 的卡车年均驾驶里程是 20 亿千米,通过实施路线优化项目后,年均可以减少 4800 万千米的驾驶里程,驾驶里程的减少可以节约燃油,减少 4800 万千米的驾驶里程大约可以节约 1400 升燃油,这相当于每天减少 1100 辆运输车辆,此项目就为企业节约了 800 万元的油费和减少了 3.2 万吨的二氧化碳排放。(2)大力发展第三方物流。第三方物流是由专门从事物流业务的企业为供方或需方提供的物流服务,它可以从更高的角度、更广泛地考虑物流合理化问题,既可以简化配送环节、进行合理运输,实现在更广泛的范围内对物流资源进行合理利用和配置,又可以避免自有物流带来的资金占用、运输效率低、配送环节繁琐、企业负担加重和城市污染加剧等问题。尤其是当一些大城市的车辆配送出现饱和时,专业物流企业的出现可以大幅减少大城市的运输车量,从而缓解物流对城市环境污染的压力。(3)建立完善的物流信息系统。通过构建基于互联网的物流信息发布、查询、电子交易网络平台,可以实现客户查询、追踪运输工具等功能。具体来说,依托物流信息化平台,使用物流信息软件,应用车载 GPS 定位系统、电子标签和储运条码系统等新技术,以物流信息管理系统处理物流业务,可以不断地促进信息通畅,实现资源共享;依托于公共信息平台与地理信息系统(GIS)的应用,定位和追踪运输工具、选择最优运输路径成为了可能,通过物流配送车辆导航装置,配送监控中心可以在物流信息平台的信息共享与交换平台上获得所需信息,从而灵活地规划出最适合当前情况的配送路径,实现对配送车辆的远程监控和导航。此外,通过物流信息平台，可以将配送车辆的实时在途情况向外界发布，以方便客户查询。这种互动模式把干线运输的物资数量在途中就纳入配送计划，取消了干线运输与末端配送的边界，不仅使企业真正达到精细运输、及时运输，降低了车辆空驶率，而且提高了运输产能比，进而实现了节能减排的目标。

7.2.4 合理仓储园区布局，实现低碳仓储

低碳仓储的实现贯穿于仓储中心建设、仓储管理以及仓储节点等的布局，具体来说，主要包括：

(1)仓储中心建筑要采用最新的绿色建筑技术，以降低照明、空调和设备的能耗。目前太阳能技术引人瞩目，其中太阳能电池照明技术就被广泛使用，而且还取得了显著的减排成效。例如，中远公司就采用该项技术来促进其仓储建筑的节能减排。中远公司的北京西毓顺仓库放弃了传统的灯光照明方式，而采用了FRP采光板代替了灯光照明，在仓库的主要工作时间内起到不小的节能减排效果。按每平方米1W的照明标准，这个2万平方米的仓库在夏季每月可以节电4800度，对我国的电荒缺口而言是个不错的成绩。此外利用最新的建筑材料，可以延长仓储建筑的使用年限，同样也有助于节能减排。

(2)实现低碳仓储，需要运用合理的仓储管理软件，提高仓储效率和空间利用率。优秀的仓储管理软件为用户提供了灵活的上架策略、周转策略及合理的货位分配策略，这些策略的科学使用不仅可以大幅度地提高装卸和管理效率，而且可以有效地降低能耗和充分地利用仓库资源。例如，根据周转率原则，可以使得周转率高的货物自动安排在仓库出口附近，以方便进出货；根据相关性原则，可以安排相关性大的货物储位相连，同时根据重量性原则，可以把重货放在货架下层，这些都可以降低叉车能耗。而根据堆高原则，可以安排仓库或货架的层高，以充分利用仓库或货架，有效利用空间资源。

(3)科学合理地进行仓储物流园区布局，以打造低碳物流园区。仓储物流园区的合理布局，需要政府在郊区或城乡边缘带主要交通干道附近专辟用地，将多个物流企业集中在一起，这样一方面可以发挥物流企业的整体优势和规模优势，实现物流企业的专业化和互补性。另一方

面，这些企业还可以共享一些基础设施和配套服务设施，既降低了运营成本和费用支出，又获得了规模效益。此外，还可以缓解城市交通拥挤，减轻环境压力，顺应了物流业的发展趋势，实现了“货畅其流”。

7.3 本章小结

基于对物流企业运营瓶颈的研究，从物流服务低碳化发展的源头上、运营过程中和末端上探讨了物流企业低碳化发展的路径，具体来说，主要包括：改善能源结构，从源头上控制碳源；通过提高能源效率，以减少运营过程中的碳排放；注重碳处理，末端上消碳。

针对物流企业的发展现状，物流企业低碳化发展的对策包括：建立综合运输体系，实现低碳运输；包装减量化，实现低碳包装；开展共同配送，实现低碳配送以及合理仓储园区布局，实现低碳仓储。只有每个物流环节实现了低碳化运行，整个物流系统的效率才能得以改善，才能促进物流企业低碳化发展。

第8章　研究结论与未来展望

8.1　本书的主要结论

通过理论分析和实证检验，本书的主要研究结论有：

结论一：目前我国物流企业的发展与环境之间存在不协调性，仍处于两难区间，碳排放量还没有达到阈值点，未来一段时间碳排放量还会增长，物流企业面临着巨大的减排压力。物流服务的碳排放具有阶段性、非协调性和增长性等特征。

结论二：物流企业碳排放强度、能源效率和能源结构是抑制碳排放的力量，生产规模和生产结构是拉动碳排放的因子，由于抑制作用有限，抑制贡献率和拉动贡献率差距较大，物流企业的碳排放在不断增长。物流企业生产规模扩大和生产结构不均衡是导致高碳排放的主要原因，以石油化石能源为主的能源结构是高碳排放的根本原因，此外物流企业的能源效率较低抑制了碳减排速度。

结论三：物流企业的能源结构、能源效率、发展水平以及物流需求增长诸因素对物流企业的碳排放均产生影响，其中物流企业以油料非再生为主的能源结构、能源效率、物流需求的增长对物流企业的碳排放有直接正向影响关系，物流需求的增长对物流企业的碳排放影响效应最大；而物流企业的发展水平对物流企业的能源效率有正向影响关系，对物流企业的碳排放有负向影响关系。

结论四：由于低碳物流具体环境行为存在着较大差异，因而不同低碳物流行为的主要影响因素有所不同,影响程度也存在着差异,影响低碳投入行为的首要因素是政策法规等外部情境因素,物流企业低碳投入主要是外推型行为,而低碳运营中低碳行为能力等企业个体特征影响最大,低碳运营主要是内拉型行为。

结论五:物流企业低碳化发展是由动力机制、传导机制和实现机制等三个主导机制,以及促进机制和约束保障机制等两个辅助机制共同作用的结果。物流企业低碳运营的动力主要包括科技进步和利益驱动,低碳运输、低碳储存、低碳包装和低碳流通加工共同构成了物流企业低碳运营的传导机制,控制碳源直接减少碳排放和增加碳汇间接减少碳排放是物流企业两种不同的低碳运营实现机制,产业结构调整优化、公众低碳意识的提高是促进机制,低碳政策法规保障和科学规划是约束保障机制,它们共同作用推进物流企业稳定、有序地实现低碳化发展。

8.2 未来研究展望

8.2.1 本书的研究不足

研究中的不足之处包括:

(1)受认识、时间和资源的限制,物流服务碳排放的行为分析中未能全面、系统地把物流服务高碳排放的更多影响因素纳入研究范围中,仅研究了物流企业的能源结构、能源效率、发展水平以及物流需求增长诸因素对物流企业的碳排放的影响,因而关于物流服务高碳排放影响机理的研究还有进一步完善和改进的空间。

(2)由于数据资源的限制,对物流服务高碳排放影响机理的研究,仅使用了物流业 1991—2007 年 18 年间的统计数据,使用通径分析研究时,样本相对较少,使研究结果带有一定的局限性。

(3)本书仅对物流服务低碳运营机制进行了初步的探索,只对每个机制的重点内容分别进行了简要分析,由于时间和认知上的限制,未能很好地将其统一起来进行研究。

(4)低碳物流是一个新生事物,由于时间上的限制,本书仅提出了物流服务低碳运营的理论框架，没有设计出量化指标对理论模型进行验证，因此理论模型还有待实践的检验与修正。

(5)物流服务碳排放的企业分析中，仅考察了低碳环境行为的一般影响因素，对企业规模、文化等企业具体因素并未加以分析，影响了回归模型的解释能力，研究重点是开发影响低碳物流行为的量表、并测量了三大类影响因素的作用，但尚未探讨各变量间的关系，后续研究应加以展开。

8.2.2　后续研究方向

在弥补上述研究不足的基础上，本书的后续研究主要在以下三个方面展开：

(1)从理论和实践中归纳和总结出物流服务高碳排放的影响因素，扩展影响机理的研究范围，使影响机理的研究更完善、更全面。

(2)更加全面深入地研究物流服务低碳运营机制中各具体机制构成要素间的相互作用关系，不断丰富和完善低碳运营机制，以更有效地指导低碳物流实践。

(3)设计出评价物流企业低碳运营机制的量化指标，为实证研究提供可借鉴的工具和基础。

总之，本书对低碳物流这一新生问题展开探索性研究，其中很多研究内容还尚显粗糙和不足，有待后续研究的进一步丰富、完善与补充。

附录1 回归分析结果

Quadratic

Model Summary

R	R Square	Adjusted R Square	Std. Error of the Estimate
0.995	0.990	0.989	184.710

The independent variable is output value.

ANOVA

	Sum of Squares	df	Mean Square	F	Sig.
Regression	85541740.756	2	42770870.378	1253.618	0.000
Residual	887066.654	26	34117.948		
Total	86428807.410	28			

The independent variable is output value.

Coefficients

	Unstandardized Coefficients		Standardized Coefficients	t	Sig.
	B	Std. Error	Beta		
output value	0.620	0.162	0.295	3.835	0.001
output value ** 2	0.000	0.000	0.707	9.180	0.000
(Constant)	2018.954	91.458		22.075	0.000

Cubic

Model Summary

R	R Square	Adjusted R Square	Std. Error of the Estimate
0.996	0.991	0.990	174.777

The independent variable is output value.

ANOVA

	Sum of Squares	df	Mean Square	F	Sig.
Regression	85665135.560	3	28555045.187	934.794	0.000
Residual	763671.849	25	30546.874		
Total	86428807.410	28			

The independent variable is output value.

Coefficients

	Unstandardized Coefficients		Standardized Coefficients	t	Sig.
	B	Std. Error	Beta		
output value	0.182	0.427	0.087	0.426	0.674
output value ** 2	−0.001	0.000	−1.646	−3.480	0.002
output value ** 3	1.40E−007	0.000	0.580	2.010	0.055
(Constant)	2244.177	141.585		15.850	0.000

附录 2　路径分析模型输出结果

Analysis Summary

Date and Time

Date：2011 年 3 月 18 日
Time：1:21:42

Title

2:2011 年 3 月 18 日 01:21 上午
Variable Summary (Group number 1)
Your model contains the following variables (Group number 1)
Observed, endogenous variables
碳排放量 y
能源效率 x_2
Observed, exogenous variables
发展水平 x_3
物流需求系数 x_4
能源结构 x_1
Unobserved, exogenous variables
e_2
e_1

Variable counts (Group number 1)

Number of variables in your model:	7
Number of observed variables:	5
Number of unobserved variables:	2
Number of exogenous variables:	5
Number of endogenous variables:	2

Parameter summary (Group number 1)

	Weights	Covariances	Variances	Means	Intercepts	Total
Fixed	2	0	0	0	0	2
Labeled	0	0	4	0	0	4
Unlabeled	5	3	1	0	0	9
Total	7	3	5	0	0	15

Assessment of normality (Group number 1)

Variable	min	max	skew	c. r.	kurtosis	c. r.
能源结构 x_1	0. 390	0. 600	−0. 555	−0. 934	−0. 891	−0. 750
物流需求系数 x_4	1. 400	3. 100	1. 107	1. 864	−0. 092	−0. 077
发展水平 x_3	0. 180	0. 240	0. 662	1. 115	−0. 396	−0. 333
能源效率 x_2	1. 200	2. 570	1. 840	3. 098	2. 130	1. 792
碳排放量 y	2592. 090	7682. 730	0. 866	1. 458	−0. 417	−0. 351
Multivariate					3. 382	0. 833

Observations farthest from the centroid (Mahalanobis distance) (Group number 1)

Observation number	Mahalanobis d−squared	p_1	p_2
4	13. 398	0. 020	0. 290
1	8. 948	0. 111	0. 578
17	8. 174	0. 147	0. 466
5	7. 625	0. 178	0. 359
6	6. 451	0. 265	0. 482
2	5. 359	0. 374	0. 658

续表

Observation number	Mahalanobis d－squared	p1	p2
9	5.225	0.389	0.515
8	5.058	0.409	0.388
7	4.248	0.514	0.548
10	4.096	0.536	0.427
16	3.445	0.632	0.556
11	3.352	0.646	0.406
15	3.203	0.669	0.287
12	1.894	0.864	0.807
14	1.649	0.895	0.739
13	1.506	0.912	0.554
3	1.368	0.928	0.280

Sample Moments (Group number 1)

Sample Covariances (Group number 1)

	能源结构 x_1	物流需求系数 x_4	发展水平 x_3	能源效率 x_2	碳排放量 y
能源结构 x_1	0.004				
物流需求系数 x_4	0.024	0.250			
发展水平 x_3	−0.001	−0.007	0.000		
能源效率 x_2	−0.018	−0.089	0.005	0.135	
碳排放量 y	84.186	762.717	−22.455	−280.156	2482971.352

Condition number＝181258899210.440

Eigenvalues

2482971.621 .104 .016 .000 .000

Determinant of sample covariance matrix＝.000

Sample Correlations (Group number 1)

	能源结构 x_1	物流需求系数 x_4	发展水平 x_3	能源效率 x_2	碳排放量 y
能源结构 x_1	1.000				
物流需求系数 x_4	0.770	1.000			
发展水平 x_3	−0.960	−0.771	1.000		
能源效率 x_2	−0.770	−0.483	0.814	1.000	
碳排放量 y	0.843	0.967	−0.833	−0.485	1.000

Condition number=351.319

Eigenvalues

4.102 .707 .143 .036 .012

Notes for Model (Default model)

Computation of degrees of freedom (Default model)

Number of distinct sample moments: 15

Number of distinct parameters to be estimated: 13

Degrees of freedom (15−13): 2

Result (Default model)

Minimum was achieved

Chi-square=2.647

Degrees of freedom=2

Probability level=.266

Estimates (Group number 1-Default model)

Scalar Estimates (Group number 1-Default model)

Maximum Likelihood Estimates

Regression Weights: (Group number 1-Default model)

	Estimate	S. E.	C. R.	p	Label
能源效率 x_2←发展水平 x_3	17.452	3.116	5.600 ***	par_5	
碳排放量 y←物流需求系数 x_4	2159.975	176.676	12.226	***	par_6
碳排放量 y←能源效率 x_2	1159.998	260.141	4.459	***	par_7
碳排放量 y←发展水平 x_3	−25565.385	12576.365	−2.033	0.042	par_11
碳排放量 y←能源结构 x_1	6380.829	3163.979	2.017	0.044	par_12

Standardized Regression Weights:(Group number 1-Default model)

	Estimate
能源效率 x_2←发展水平 x_3	0.814
碳排放量 y←物流需求系数 x_4	0.706
碳排放量 y←能源效率 x_2	0.278
碳排放量 y←发展水平 x_3	−0.286
碳排放量 y←能源结构 x_1	0.264

Covariances:(Group number 1-Default model)

	Estimate	S. E.	C. R.	p	Label
发展水平 x_3↔能源结构 x_1	−0.001	0.000	−2.770	0.006	par_8
发展水平 x_3↔物流需求系数 x_4	−0.007	0.003	−2.442	0.015	par_9
物流需求系数 x_4↔能源结构 x_1	0.024	0.010	2.441	0.015	par_10

Correlations:(Group number 1-Default model)

	Estimate
发展水平 x_3←能源结构 x_1	−0.960
发展水平 x_3←物流需求系数 x_4	−0.771
物流需求系数 x_4←能源结构 x_1	0.770

Variances:(Group number 1-Default model)

	Estimate	S. E.	C. R.	p	Label
能源结构 x_1	0.004	0.001	2.828	0.005	v_1
发展水平 x_3	0.000	0.000	2.828	0.005	v_3
物流需求系数 x_4	0.250	0.089	2.828	0.005	v_4
e_1	0.045	0.016	2.828	0.005	par_13
e_2	49253.029	17413.575	2.828	0.005	v_5

Squared Multiple Correlations:(Group number 1-Default model)

	Estimate
能源效率 x_2	0.662
碳排放量 y	0.979

Matrices (Group number 1-Default model)

Implied Covariances (Group number 1-Default model)

	能源结构 x_1	物流需求系数 x_4	发展水平 x_3	能源效率 x_2	碳排放量 y
能源结构 x_1	0.004				
物流需求系数 x_4	0.024	0.250			
发展水平 x_3	−0.001	−0.007	0.000		
能源效率 x_2	−0.018	−0.115	0.005	0.135	
碳排放量 y	83.889	731.933	−22.455	−339.110	2346198.017

Implied Correlations (Group number 1-Default model)

	能源结构 x_1	物流需求系数 x_4	发展水平 x_3	能源效率 x_2	碳排放量 y
能源结构 x_1	1.000				
物流需求系数 x_4	0.770	1.000			
发展水平 x_3	−0.960	−0.771	1.000		
能源效率 x_2	−0.781	−0.627	0.814	1.000	
碳排放量 y	0.865	0.955	−0.857	−0.603	1.000

Residual Covariances (Group number 1-Default model)

	能源结构 x_1	物流需求系数 x_4	发展水平 x_3	能源效率 x_2	碳排放量 y
能源结构 x_1	0.000				
物流需求系数 x_4	0.000	0.000			
发展水平 x_3	0.000	0.000	0.000		
能源效率 x_2	0.000	0.027	0.000	0.000	
碳排放量 y	0.297	30.784	0.000	58.954	136773.335

Standardized Residual Covariances (Group number 1-Default model)

	能源结构 x_1	物流需求系数 x_4	发展水平 x_3	能源效率 x_2	碳排放量 y
能源结构 x_1	0.000				
物流需求系数 x_4	0.000	0.000			
发展水平 x_3	0.000	0.000	0.000		
能源效率 x_2	0.035	0.490	0.000	0.000	
碳排放量 y	0.009	0.116	0.000	0.359	0.165

Total Effects (Group number 1-Default model)

	能源结构 x_1	物流需求系数 x_4	发展水平 x_3	能源效率 x_2
能源效率 x_2	0.000	0.000	17.452	0.000
碳排放量 y	6380.829	2159.975	−5321.641	1159.998

Standardized Total Effects (Group number 1-Default model)

	能源结构 x_1	物流需求系数 x_4	发展水平 x_3	能源效率 x_2
能源效率 x_2	0.000	0.000	0.814	0.000
碳排放量 y	0.264	0.706	−0.059	0.278

Direct Effects (Group number 1-Default model)

	能源结构 x_1	物流需求系数 x_4	发展水平 x_3	能源效率 x_2
能源效率 x_2	0.000	0.000	17.452	0.000
碳排放量 y	6380.829	2159.975	−25565.385	1159.998

Standardized Direct Effects (Group number 1-Default model)

	能源结构 x_1	物流需求系数 x_4	发展水平 x_3	能源效率 x_2
能源效率 x_2	0.000	0.000	0.814	0.000
碳排放量 y	0.264	0.706	−0.286	0.278

Indirect Effects (Group number 1-Default model)

	能源结构 x_1	物流需求系数 x_4	发展水平 x_3	能源效率 x_2
能源效率 x_2	0.000	0.000	0.000	0.000
碳排放量 y	0.000	0.000	20243.745	0.000

Standardized Indirect Effects (Group number 1-Default model)

	能源结构 x_1	物流需求系数 x_4	发展水平 x_3	能源效率 x_2
能源效率 x_2	0.000	0.000	0.000	0.000
碳排放量 y	0.000	0.000	0.226	0.000

Modification Indices (Group number 1-Default model)

Covariances:(Group number 1-Default model)

	M. I. Par Change

Variances：(Group number 1-Default model)

	M. I. Par Change

Regression Weights：(Group number 1-Default model)

	M. I. Par Change

Minimization History (Default model)

Iteration		Negative eigenvalues	Condition #	Smallest eigenvalue	Diameter	*F*	NTries	Ratio
0	e	5		−0.642	9999.000	134.445	0	9999.000
1	e*	3		−1.584	1.214	56.538	18	1.196
2	e*	2		−1.820	0.530	23.377	5	1.221
3	e	1		−0.043	0.076	17.817	7	0.722
4	e	0	7432.111		0.423	6.111	10	0.842
5	e	0	8479.975		0.412	3.479	1	0.954
6	e	0	10409.692		0.281	2.704	1	1.149
7	e	0	12132.834		0.112	2.647	1	1.062
8	e	0	12095.680		0.013	2.647	1	1.008
9	e	0	12423.684		0.000	2.647	1	1.000

Pairwise Parameter Comparisons (Default model)

Variance-covariance Matrix of Estimates (Default model)

	v_1	v_3	v_4	v_5	par_5	par_6	par_7	par_8	par_9	par_10	par_11	par_12	par_13
v_1	0.000												
v_3	0.000	0.000											
v_4	0.000	0.000	0.008										
v_5	0.000	0.000	0.000	303232602.368									
par_5	0.000	0.000	0.000	0.000	9.712								
par_6	0.000	0.000	0.000	0.000	0.000	31214.235							
par_7	0.000	0.000	0.000	0.000	0.000	0.000	67673.523						
par_8	0.000	0.000	0.000	0.000	0.000	0.000	0.000	0.000					
par_9	0.000	0.000	0.000	0.000	0.000	0.000	0.000	0.000	0.000				
par_10	0.000	0.000	0.001	0.000	0.000	0.000	0.000	0.000	0.000	0.000			
par_11	0.000	0.000	0.000	0.000	0.000	366427.971	−1181006.963	0.000	0.000	0.000	158164951.647		
par_12	0.000	0.000	0.000	0.000	0.000	−94999.844	0.000	0.000	0.000	0.000	33427607.550	10010762.816	
par_13	0.000	0.000	0.000	0.000	0.000	0.000	0.000	0.000	0.000	0.000	0.000	0.000	0.000

Correlations of Estimates (Default model)

	v_1	v_3	v_4	v_5	par_5	par_6	par_7	par_8	par_9	par_10	par_11	par_12	par_13
v_1	1.000												
v_3	0.921	1.000											
v_4	0.594	0.595	1.000										
v_5	0.000	0.000	0.000	1.000									
par_5	0.000	0.000	0.000	0.000	1.000								
par_6	0.000	0.000	0.000	0.000	0.000	1.000							
par_7	0.000	0.000	0.000	0.000	0.000	0.000	1.000						
par_8	−0.979	−0.979	−0.606	0.000	0.000	0.000	0.000	1.000					
par_9	−0.828	−0.864	−0.864	0.000	0.000	0.000	0.000	0.863	1.000				
par_10	0.863	0.829	0.863	0.000	0.000	0.000	0.000	−0.863	−0.975	1.000			
par_11	0.000	0.000	0.000	0.000	0.000	0.165	−0.361	0.000	0.000	0.000	1.000		
par_12	0.000	0.000	0.000	0.000	0.000	−0.170	0.000	0.000	0.000	0.000	0.840	1.000	
par_13	0.000	0.000	0.000	0.000	0.000	0.000	0.000	0.000	0.000	0.000	0.000	0.000	1.000

Model Fit Summary

CMIN

Model	NPAR	CMIN	DF	P	CMIN/DF
Default model	13	2.647	2	0.266	1.323
Saturated model	15	0.000	0		
Independence model	5	138.275	10	0.000	13.828

RMR, GFI

Model	RMR	GFI	AGFI	PGFI
Default model	35314.727	0.943	0.569	0.126
Saturated model	0.000	1.000		
Independence model	211.000	0.288	−0.068	0.192

Baseline Comparisons

Model	NFI Delta1	RFI rho1	IFI Delta2	TLI rho2	CFI
Default model	0.981	0.904	0.995	0.975	0.995
Saturated model	1.000		1.000		1.000
Independence model	0.000	0.000	0.000	0.000	0.000

Parsimony-Adjusted Measures

Model	PRATIO	PNFI	PCFI
Default model	0.200	0.196	0.199
Saturated model	0.000	0.000	0.000
Independence model	1.000	0.000	0.000

NCP

Model	NCP	LO 90	HI 90
Default model	0.647	0.000	9.251
Saturated model	0.000	0.000	0.000
Independence model	128.275	93.950	170.048

FMIN

Model	FMIN	F0	LO 90	HI 90
Default model	0.165	0.040	0.000	0.578
Saturated model	0.000	0.000	0.000	0.000
Independence model	8.642	8.017	5.872	10.628

RMSEA

Model	RMSEA	LO 90	HI 90	PCLOSE
Default model	0.142	0.000	0.538	0.280
Independence model	0.895	0.766	1.031	0.000

AIC

Model	AIC	BCC	BIC	CAIC
Default model	28.647	44.247	39.478	52.478
Saturated model	30.000	48.000	42.498	57.498
Independence model	148.275	154.275	152.441	157.441

ECVI

Model	ECVI	LO 90	HI 90	MECVI
Default model	1.790	1.750	2.328	2.765
Saturated model	1.875	1.875	1.875	3.000
Independence model	9.267	7.122	11.878	9.642

HOELTER

Model	HOELTER 0.05	HOELTER 0.01
Default model	37	56
Independence model	3	3

附录3 调查问卷

尊敬的先生、女士：

您好！本人正在进行低碳物流影响要素和发展路径的研究，希望了解到在物流运营中您对低碳物流的体会与意见，您的观点对我的课题研究非常重要！问卷信息将严格保密，仅供学术研究专用，请放心作答。请您仔细阅读以下各问题，在相应的位置打√即可，衷心感谢您的合作！

一、请根据公司购买商品时的情况，勾选出一个您认为最恰当的选项（打√即可）

序号	项目	很不同意	不同意	不确定	较同意	非常同意
1	购买纸等办公耗材，会选择节能环保型产品。					
2	购买空调、计算机等办公设备时，会首选节能型号。					
3	购买物流设施时，会选择节能型产品（节电、节水、节气、节油型）。					
4	愿意为有碳标签的低碳节能产品、设备支付略高一点的价格。					
5	会选择购买太阳能办公设备或物流设备。					
6	愿意为绿电（太阳能、风能等发的电）每月多支付5%～10%的费用。					
7	会主动为办公场所节能投资（如安装双层玻璃等）。					
8	在建造、购买或租赁办公场所时，会考虑办公场所是否有节能设计（如集中供暖、自然采光等）。					
9	在办公场所装饰和装修中，会购买环保型材料。					

二、请根据公司运营中的情况，勾选出一个您认为最恰当的选项（打√即可）

序号	项目	从没做到	偶尔做到	约半做到	大多做到	每次做到
1	办公设备不使用的时候，关闭电源。					
2	办公空调夏季温度设定不低于 26 度，冬季温度设定不高于 20 度。					
3	主动调低计算机的屏幕亮度。					
4	短时间不用计算机等办公设备，也会启动睡眠模式。					
5	调节办公采暖设备的工作时间和强度以减少热损耗。					
6	在必要的时候才复印，复印纸正反面使用。					
7	批量采购办公用品或物流设备。					
8	按照计划生产，尽量减少物流设备的开关次数。					
9	注重物流设备保养，避免设备超负荷运转。					
10	制定并实施了办公用品、物流设备的循环处理计划					

三、请根据公司的环境行为，勾选出一个您认为最恰当的选项（打√即可）

序号	项目	很不同意	不同意	不确定	较同意	非常同意
1	保护环境类法律限制了公司的选择和自由。					
2	保护环境会威胁到公司的运营。					
3	环境污染对公共健康的影响远比我们意识到的更糟糕。					
4	一个企业产生的污染会威胁到整个地区的人。					
5	自然界是脆弱并容易受到破坏的，因此企业运营中应注意环保。					
6	环境污染会导致许多物种的灭绝，因此企业应尽可能减少污染。					

续表

序号	项目	很不同意	不同意	不确定	较同意	非常同意
7	为了低碳节能，公司愿意牺牲一些企业利益。					
8	公司会主动向同行、合作伙伴宣传低碳节能方面的知识和技巧。					
9	公司采购时，会使用可降解的环保包装。					
10	当得知供货商、购买方做有损环境的行为时，会考虑拒绝与其交易。					
11	公司有很多机会可以购买低碳节能设备和用品。					
12	是否购买低碳节能的办公产品、物流设备，完全取决于企业的喜好。					
13	公司拥有低碳运营的资源(如资金、设备等)					
14	工作时采用自然光或节能灯照明比较方便。					
15	夏季或冬季进入办公室，只要感到热、冷，就会开空调或暖气。					
16	与低碳节能相比，工作的舒适性更重要。					
17	工作时即使光线不暗，也会首选开灯。					
18	在日常运营中，公司会与周围的企业保持一致。					
19	公司常购买、使用同行和合作伙伴使用的设备、产品。					
20	如果周围的同行都参与低碳节能活动，公司也会参与。					

四、请根据公司宣传的环境知识，勾选出一个您认为最恰当的选项(打√即可)

序号	项目	不知道	听说过	知道一些	知道很多	很熟悉
1	在过去的一年中，你是否得知过低碳物流一词？					
2	二氧化碳的过度排放是全球气候变暖的主要原因。					
3	低碳物流是一种以低能耗、低污染、低排放为特征的物流模式。					

续表

序号	项目	不知道	听说过	知道一些	知道很多	很熟悉
4	物流运营中石油、天然气等的大量消耗使大气中的二氧化碳浓度不断上升。					
5	频繁地开关物流设备，会增加设备的能耗量。					
6	办公设备处于待机模式依然耗电。					
7	物流设备使用不当会增加设备的能耗。					
8	办公场所集中供暖比分散供暖更高效、更节能					
9	在办公场所使用保温隔热效果的双层玻璃，可以大幅降低空调能耗。					

五、请根据公司的环境动向，勾选出一个您认为最恰当的选项（打√即可）

序号	项目	很不愿意	不太愿意	中立	比较愿意	非常愿意
1	为了低碳节能，公司愿意做必要的设备保养。					
2	愿意参加相关部门组织的节能活动。					
3	愿意成为同行、合作伙伴的低碳节能宣传志愿者。					
4	会注意办公和物流设备不用时关掉电源，而不是让其待机。					
5	只要时间和财力允许，愿意购买低碳节能办公设备和物流设施。					

六、请根据公司的实际情况，勾选出一个您认为最恰当的选项（打√即可）

序号	项目	从不如此	偶尔如此	约半如此	大多如此	总是如此
1	如果公司去做一件事情，总是能够达到目标。					
2	在遇到麻烦的时候，公司能很快找到解决办法。					

续表

序号	项目	从不如此	偶尔如此	约半如此	大多如此	总是如此
3	相信领导和员工的才智，公司能应付任何出乎意料的事情。					
4	对于低碳节能的新知识，公司能很快知道该如何应用。					
5	对别人介绍的低碳节能小窍门，公司能很好地用于自己的生产中。					
6	公司自己可以开发出一些节能减排的小窍门。					
7	对于新的低碳节能想法，公司能很快制定出可行的实施方案。					

七、请根据您对公司的了解，勾选出一个您认为最恰当的选项（打√即可）

序号	项目	很不同意	不同意	不确定	较同意	非常同意
1	公司采取节能行动是为了省钱。					
2	购买物流设备时，公司更看重设备的使用成本。					
3	电价、油价的不断上涨，公司越来越注意节约了。					
4	同行或合作伙伴都认为应该在物流运营中采取节能措施。					
5	不注重污染防治会受到小区周围人的谴责。					
6	参加低碳宣传活动是件光荣的事。					
7	有政府补贴的节能设备，我更愿意购买。					
8	如果政府开征碳税，我会比以前注意低碳运营。					
9	为了避免一些部门的罚款，我不得不采取一些节能措施。					
10	政府的强制性规定，对促进物流企业低碳节能的效果会更好。					
11	如果开展低碳小区创建活动，公司愿意尽一份力。					

续表

序号	项目	很不同意	不同意	不确定	较同意	非常同意
12	如果实行产品碳标签制度，公司会主动购买低碳产品					
13	媒体的宣传报道，公司意识到传统能源消费带来的环境问题日益严重。					
14	好的宣传活动，会促使公司购买节能产品和设备。					
15	知道如何进行低碳运营，对公司是否这样做很重要。					
16	公司是否购买低碳节能产品、设备，取决于该产品、设备技术是否成熟。					
17	公司很在意低碳节能产品、设备在使用中的技术稳定性。					
18	只有技术成熟的低碳节能产品、设备才能给生活带来真正的实惠和好处。					

八、公司与您的基本情况

(　　)1. 性别：(1)男　(2)女

(　　)2. 年龄：(1)30(含)岁以下　(2)31～40岁　(3)41～50岁　(4)51(含)岁以上

(　　)3. 服务年限：(1)5年(含)以下　(2)6～10年　(3)11～15年　(4)16年(含)以上

(　　)4. 最高学历：(1)高中毕业　(2)大学毕业　(3)硕士研究生　(4)博士研究生　(5)其他______

(　　)5. 现任职务：(1)董事长　(2)总经理、副总经理　(3)部门经理　(4)项目经理、项目主管　(5)员工　(6)其他______

(　　)6. 公司类型：(1)运输类　(2)仓储类　(3)综合型　(4)其他______

(　　)7. 公司规模(人数)：________人

(　　)8. 公司规模(年销售额)：________万元

问卷到此结束，再次衷心感谢您的合作！

参考文献

[1] Ajzen I, Madden T J. Prediction of Goal—directed Behavior: Attitudes, Intentions and Perceived Behavioral Control [J]. Journal of Experimental Social Psychology, 1986 (22):453-474.

[2] Ajzen I. From Intentions to Actions: A Theory of Planned Behavior. In Kuhi J& Beckmann J(Eds.), Action Control: From Cognition to Behavior [M]. Heidelberg: Springer Berlin Heidelberg, 1985: 11-39.

[3] Ajzen I. The Theory of Planned Behavior [J]. Organizational Behavior and Human Decision Processes, 1991(50):179-211.

[4] Andersson L M, Bateman T S. Individual Environmental Initiative: Championing Natural Environmental Issues in US Business Organizations [J]. Academy of Management Journal, 2000(43):548-570.

[5] Ang B W. Decomposition Analysis for Policymaking in Energy: Which is the Preferred Method? [J]. Energy Policy, 2004(32): 1131-1139.

[6] Ang B W. The LMDI Approach to Decomposition Analysis: A Practical Guide [J]. Energy Policy, 2005(33):867-871.

[7] Ankarhem M. A Dual Assessment of the Environmental Kuznets Curve: The Case of Sweden[R]. Sweden: Umea Economic Studies of Umea University, 2005.

[8] Ashford N, Zwetsloot G I J M. The Feasibility of Encouraging Inherently Safer Production in Industrial Firms [J]. Safety Science,

2003(41):219-240.

[9] Battisti G. Innovations and the Economics of New Technology Spreading Within and Across Users: Gaps and Way Forward [J]. Journal of Cleaner Production, 2008(16):22-31.

[10] Beckerman W. Economic Growth and the Environment: Whose growth? Whose Environment? [J]. World Development, 1992, 20 (4):481-496.

[11] Berkhout F, Hertin J, Gann D M. Learning to Adapt: Organisational Adaptation to Climate Change Impacts [J]. Climatic Change, 2006(78):135-156.

[12] Biglan A. The Role of Advocacy Organizations in Reducing Negative Externalities [J]. Journal of Organization Behavior Management, 2009, 29(3):215-230.

[13] Boemare C, Quirion P. Implementing Greenhouse Gas Trading in Europe:Lessons from Economic Literature and International Experiences [J]. Ecological Economics, 2002 (43):213-230.

[14] Bowman R J. Green logistics [J]. Distribution, 1995, 94(6): 48-51.

[15] Brock W A, Taylor M S. Economic Growth and the Environment: A Review of Theory and Empirics. In:Philippe Aghion & Steven Durlauf (ed.) [R]. Handbook of Economic Growth, 2004: 1749-1821.

[16] Bruvoll A, Medin H. Factors Behind the Environmental Kuznets Curve: A Decomposition of the Changes in Air Pollution [J]. Environmental and Resource Economics, 2003(24): 27-48.

[17] Byrne P M, Deeb A. Logistics Must Meet the "Green" Challenge [J]. Transportation Distribution, 1993, 34(2):33-37.

[18] Cao J, Ho M S, Jorgenson D. China Clear Skies: the Impact of Market Instruments for Environmental Policy in China[R]. Beijing:CCICED Research Report, 2005.

[19] Cason T N, Gangadharan L. Transactions Costs in Tradable Permit

Markets: An Experimental Study of Pollution Market Designs [J]. Journal of Regulatory Economics, 2003, 23(2):145-165.

[20] Coopert J, Browne M, Peters M. European Logistics [M]. Oxford, UK: Blackwell Business, 1991.

[21] Department of Trade and Industry. UK Energy White Paper: Our Energy Future-creating A Low Carbon Economy [R]. London: The Stationery Office, 2003.

[22] Dosi G. Technological Paradigms and Technological Trajectories: A Suggested Interpretation of the Determinants and Directions of Technical Change[J]. Research Policy, 1982, 11(3):147-162.

[23] Dunlap R. Environmental Sociology: A Personal Perspective on Its First Quarter Century [J]. Organization & Environment, 2002, 15(1):10-29.

[24] Energy World Group. Climate Change Bill Will Set Legally Binding Carbon Targets [J]. Energy World, 2008(356):6.

[25] Engau C, Hoffmann V H. Effects of Regulatory Uncertainty on Corporate Strategy—An Analysis of Firms' Responses to Uncertainty about Post-Kyoto Policy [J]. Environmental Science & Policy, 2009(12):766-777.

[26] Enkvist P A, Naucler T, Rosander J. A Cost Curve for Greenhouse Gas Reduction [J]. The McKinsey Quarterly, 2007(2):35-45.

[27] Fan Y, Liu L C, Wu G, et al. Changes in Carbon Intensity in China: Empirical Findings from 1980 - 2003[J]. Ecological Economics, 2007(62):683-691.

[28] Fleischmann M. Quautitative Models for Reverse Logistics [M]. Berlin: Springer-Verlag Berlin and Heidelberg GmbH & Co. K, 2001.

[29] Friedl B, Getzner M. Determinants of CO_2 Emissions in A Small Open Economy [J]. Ecological Economics, 2003, 45(1):133-148.

[30] Gamero D L, Cortes E C, Azonn F M. Complementary Resources and Capabilities for An Ethical and Environmental Management: A

Qual/Quan Study [J]. Journal of Business Ethics, 2008, 82(3): 701-732.

[31] Garling T, Fujii S, Garling A, et al. Moderating Effects of Social Value Orientation on Determinants of Proenvironmental Behavior Intention [J]. Journal of Environmental Psychology, 2003(23): 1-9.

[32] George H. Estimating Residential Demand for Electricity in Greece [J]. Energy Economics, 2004 (26):319-334.

[33] Goldsby T J, Stank T P. World Class Logistics Performance and Environmentally Responsible Logistics Practices [J]. Journal of Business Logistics, 2000, 21(2):187-208.

[34] Grossman G, Kreuger A. Economic Growth and the Environment [J] . Quarterly Journal of Economics, 1995, 110(2):353-377.

[35] Grubb M J, Hope C, Fouquet R. Climatic Implications of the Kyoto Protocol: The Contribution of International Spillover [J]. Climatic Change, 2002, 54(1-2):11-28.

[36] Grubb M, Muller B, Butter L. The Relationship Between Carbon Dioxide Emissions and Economic Growth[R]. London: Oxbridge Study on CO_2-GDP Relationships, 2004.

[37] Guagnano G A, Stern P C, Dietz T. Influences on Attitude-behavior Relationships: A Natural Experiment with Curbside Recycling [J]. Environment and Behavior, 1995, 27(5): 699-718.

[38] Hines J M, Hungerford H R, Tomera A N. Analysis and Synthesis of Research on Responsible Environmental Behavior: A Meta-analysis [J]. The Journal of Environmental Education, 1986, 18(2):1-8.

[39] Hoek R L. From Reversed Logistics to Green Supply Chains [J]. Supply Chain Management, 1999, 14(3):129.

[40] Hoffert M. Advanced Technology Paths to Global Climate Stability: Energy for A Greenhouse Planet [J]. Science, 2002(298):981-987.

[41] Homes K J, Friedman R M. Design Alternatives for A Domestic Carbon Trading Scheme in the United States[J]. Global Environ-

mental Change,2000(10):273-288.

[42] Houghton R A. Tropical Deforestation and Atmospheric Carbon Dioxide [J]. Climatic Change, 1991, 19(1):99-118.

[43] Jensen J, Rasmussen T N. Allocation of CO_2 Emission Permits: a General Equilibrium Analysis of Policy Instruments [J]. Journal of Environmental Economics, 2000, 40(2):111-136.

[44] Johnston D, Lowe R, Bell M. An Exploration of the Technical Feasibility of Achieving CO_2 Emission Reductions in Excess of 60% Within the UK Housing Stock by the Year 2050[J]. Energy Policy, 2005(33):1643-1659.

[45] Jones C. Exploring New Ways of Assessing the Effect of Regulation on Environmental Management. doi: 10. 1016/j. jclepro, 2010, (4):7.

[46] Kaiser F G, Wolfing S, Fuhrer U. Environmental Attitude and Ecological Behaviour[J]. Journal of Environmental Psychology, 1999 (19):1-19.

[47] Kanemoto Y, Hasuike K. Road Transport and Environmental Policies in Japan [J]. RIETI Discussion Paper Series. 2000(1):1-21.

[48] Kawase R, Matsuoka Y, Fujino J. Decomposition Analysis of CO_2 Emission in Long-term Climate Stabilization Scenarios[J]. Energy Policy, 2006(34):2113-2122.

[49] Kaya Y. Impact of Carbon Dioxide Emission Control on GNP Growth: Interpretation of Proposed Scenarios [M]. Paper Presented at the IPCC Energy and Industry Subgroup, Paris : Response Strategies Working Group, 1990.

[50] Kinzig A P, Kammen D M. National Trajectories of Carbon Emissions: Analysis of Proposals to Foster the Transition to Low Carbon Economies [J]. Global Environmental Change, 1998, 8(3): 183-208.

[51] Lee C, Green R T. Cross-cultural Examination of the Fishbein Behavior Intention Model [J]. Journal of International Business

Studies, 1991, 22(2):289-305.
[52] Liang Q, Fan Y, Wei Y. Carbon Taxation Policy in China: How to Protect Energy-and trade-intensive Sectors? [J]. Journal of Policy Modeling, 2007, 29(2):311-333.
[53] Lin C Y, Ho Y H. The Influences of Environmental Uncertainty on Corporate Green Behavior [J]. Social Behavior and Personality, 2010, 38(5):691-696.
[54] Liu C. An Overview for Decomposition of Industry Energy Consumption [J]. American Journal of Applied Science, 2005, 2(7): 1166-1168.
[55] Lugo A E, Brown S. Management of Tropical Soils as Sinks or Sources of Atmospheric Carbon [J]. Plant and Soil, 1993, 149(1): 27-41.
[56] Luken R, Rompaey F V, Zlgova K. The Determinants of EST Adoption by Manufacturing Plants in Developing Countries [J]. Ecological Economics, 2008(66):141-152.
[57] Luken R, Rompaey V F. Drivers and Barriers to Environmentally Sound Technology Adoption by Manufacturing Plants in Developing Countries[J]. Journal of Cleaner Production, 2008(16):67-77.
[58] Ma C, Stern D I. China's Carbon Emissions 1971-2003[R]. New York: Rensselaer Working Papers in Economics of Rensselaer Polytechnic Institute, 2007.
[59] Mattson K G, Swank W T. Soil and Detrital Carbon Dynamics Following Forest Cutting in the Southern Appalachians [J]. Biology and Fertility of Soils, 1989, 7(3):247-253.
[60] Melbin J E. A Green Approach to Logistics Distribution [J]. Transportation Distribution T&D, 1996, 95(7): 6.
[61] Metz B, Davidson O, Swart R, et al. Climate Change 2001: Mitigation: Contribution of Working Group III to the Third Assessment Report of the Intergovernmental Panel on Climate Change[M]. Cambridge, UK: Cambridge University Press, 2001.

[62] Montalvo C. General Wisdom Concerning the Factors Affecting the Adoption of Cleaner Technologies: Survey 1990-2007[J]. Journal of Cleaner Production, 2008(16):7-13.

[63] Murat Y S, Ceylan H. Use of Artificial Neural Networks for Transport Energy Demand Modeling [J]. Energy Policy, 2006, 34 (17):3165-3172.

[64] Murphy P R, Poist R F. Green Logistics Strategies: An Analysis of Usage Patterns [J]. Transportation Journal, 2000, 40(2):15-16.

[65] Murphy P R, Poist R F. Green Perspective and Practices: A "Comparative Logistics" Study [J]. Supply Chain Management, 2003, 8(2):122-131.

[66] Nordlund A M, Garvill J. Value Structures Behind Proenvironmantal Behavior [J]. Environment and Behavior, 2002(34):740-756.

[67] Norman W, Macdonald C. Getting to the Bottom of "Triple Bottom Line" [J]. Business Ethics Quarterly, 2004 (2):243-262.

[68] Olivier B. Global Warming: Should Companies Adopt A Proactive Strategy? [J]. Long Range Planning, 2006(39):315-330.

[69] Omer A M. Focus on Low Carbon Technologies: The Positive Solution [J]. Renewable and Sustainable Energy Reviews, 2008, 12 (9):2331-2357.

[70] Pacala S, Socolow R. Stabilization Wedges: Solving the Climate Problem for the Next 50 Years with Current Technologies [J]. Science, 2004(305):968-972.

[71] Panapanaan V M, Linnanen L, Karvonen M, et al. Roadmapping Corporate Social Responsibility in Finnish Companies [J]. Journal of Business Ethics, 2003(44):133-148.

[72] Panayotou T. Economic Growth and the Environmental [J]. Economic Survey of Europe, 2003 (2):45-72.

[73] Paudel K, Zapata H, Susanto D. An Empirical Test of Environmental Kuznets Curve for Water Pollution [J]. Environmental & Resource Economics, 2005, 31(3):325-348..

[74] Paustian K, Six J, Elliott E T, et al. Management Options for Reducing CO_2 Emissions from Agricultural Soils [J]. Biogeochemistry, 2000, 48(1):147-163.

[75] Pourmohammadi H. Green Logistics for Regional Industrial Waste Materials and By-products [D]. Los Angeles: University of Southern California, 2005.

[76] Reijnders L. Policies Influencing Cleaner Production: the Role of Prices and Regulation [J]. Journal of Cleaner Production, 2003 (3):333-338.

[77] Requate T. Dynamic Incentives by Environmental Policy Instruments - a Survey [J]. Ecological Economics, 2005 (54):175-195.

[78] Rodrigue J P, Slack B, Comtois C. Green Logistics [M]. Published in A. M. Brewer, K. J. Button and D. A. Hensher(eds). The Handbook of Logistics and Supply-Chain Management. London: Pergamon Elsevier, 2001.

[79] Schultz P W, Zelezny L. Values as Predictors of Environmental Attitudes [J]. Journal of Environmental Psychology, 1999, 19 (3): 255-276.

[80] Selden T M, Song D. Environmental Quality and Development: Is there A Kuznets Curve for Air Pollution Emissions? [J]. Journal of Environmental Economics and Management. 1994 (27):147-162.

[81] Seppälä T, Haukioja T, Kaivo-oja J. The EKC Hypothesis Does Not Hold for Direct Material Flows: Environmental Kuznets Curve Hypothesis Tests for Direct Material Flows in Five Industrial Countries [J]. Population and Environment, 2001, 23 (2): 217-238.

[82] Shafik N, Bandyopadhyay S. Economic Growth and Environmental Quality: Time Series and Cross-Country Evidence[R]. Washington DC: Background Paper for the World Development Report the World Bank, 1992.

[83] Sheu J B. A Coordinated Logistics System for Regional Manage-

ment of Multi-source Hazardous Wastes [J]. Computers & Operations Research, 2007(34):1442-1462.

[84] Shimada K, Tanaka Y, Gomi K, et al. Developing a Long-term Local Society Design Methodology Towards a Low-carbon Economy: An Application to Shiga Prefecture in Japan [J]. Energy Policy, 2007(35):4688-4703.

[85] Stern N. The Economics of Climate Change: The Stern Review [M]. Cambridge, UK: Cambridge University Press, 2006.

[86] Stern P C, Dietz T, Abel T, et al. A Value-belief-norm Theory of Support for Social Movements: The Case of Environmentalism [J]. Research in Human Ecology, 1999, 6(2): 81-97.

[87] Stern P C, Dietz T. The Value Basis of Environmental Concern [J]. Journal of Social Issues, 1994(50):65-84.

[88] Stern P. C. Toward A Coherent Theory of Environmentally Significant Behavior [J]. Journal of Social Issues, 2000, 56(3): 407-424.

[89] Streets D G, Jiang K J, Hu X L, et al. Recent Reductions in China's Greenhouse Gas Emissions [J]. Science 2001(294):1835-1837.

[90] Svensson E, Berntsson T. Economy and CO_2 Emission Trade-off: A Systematic Approach for Optimizing Investments in Process Integration Measures Under Uncertainty [J]. Applied Thermal Engineering, 2010(1):23-29.

[91] Szymankiewicz J. Going green: The Logistics Dilemma [J]. Logistics Information Management, 1993, 16(3):36-44.

[92] Tapio P. Towards A Theory of Decoupling: Degrees of Decoupling in the EU and the Case of Road traffic in Finland Between 1970 and 2001[J]. Transport Policy, 2005(12):137-151.

[93] Terry B, Serban S. Modeling Low Climate Stabilization with E3MG: Towards a 'New Economics' Approach to Simulating Energy-Environment-Economy System Dynamics [J]. The Energy Journal, 2010 (31):137-164.

[94] The President's Council on Sustainable Development. Towards a Sustainable America: Advancing Prosperity, Opportunity and A Healthy Environment for the 21st Century [M]. Washing, DC: The President's Council on Sustainable Development. US Government printing office, 1999.

[95] Thogerson J, Olander F. To What Degree Are Environmentally Beneficial Choices Reflective of A General Conservation Stance? [J]. Environment and Behaviour, 2006, 38(4):550-569.

[96] Tolmasquim M T, Machado G. Energy and Carbon Embodied in the International Trade of Brazil [J]. Mitigation and Adaptation Strategies for Global Change, 2003, 8(2):139-155.

[97] Treffers D J, Faaij A P C, Sparkman J, et al. Exploring the Possibilities for Setting up Sustainable Energy Systems for the Long Term: Two Visions for the Dutch Energy System in 2050[J]. Energy Policy, 2005 (33):1723-1743.

[98] Waisman H D, Guivarch C, Lecocq F. The Transportation Sector and Low-carbon Growth Pathways: Modeling Urban, Infrastructure, and Spatial Determinants of Mobility[J]. Climate Policy, 2013 (13):106-129.

[99] Waldman D A, Siegel D. Defining the Socially Responsible Leader [J]. Leadership Quarterly, 2008, 19(1):117-131.

[100] Wang C, Chen J N, Zou J. Decomposition of energy-related CO_2 emission in China: 1957-2000[J]. Energy 2005(30):73-83.

[101] Wang C, Chen J N. Parameter Uncertainty in CGE Modeling of the Macroeconomic Impacts of Carbon Reduction in China [J]. Tsinghua Science and Technology, 2006, 11(5):617-624.

[102] Webb L. Green Purchasing: Forging a New Link in the Supply Chain[J]. Resource, 1994, 1(6):14-18.

[103] Wellington F, Bradley R. Scaling Up: Global Technology Deployment to Stabilize Emissions [M]. Washington, DC: World Resource Institute and Goldman Sachs, 2007.

[104] Winjum J K, Dixon R K, Schroeder P E. Estimating the Global Potential of Forest and Agroforest Management Practices to Sequester Carbon [J]. Water, Air, & Soil Pollution, 1992, 64(1-2):213-227.

[105] Wu H J, Dunn S. Environmentally Responsible Logistics Systems [J]. International Journal of Physical Distribution and Logistics Management, 1995, 25(2):20.

[106] Wu L, Kaneko S, Matsuoka S. Driving Forces Behind the Stagnancy of China's Energy-related CO_2 Emissions from 1996 to 1999: the Relative Importance of Structural Change, Intensity Change and Scale Change [J]. Energy Policy, 2005 (33): 319-335.

[107] Xiao N, Zarnikau J, Damien P. Testing Functional Forms in Energy Modeling: An Application of the Bayesian Approach to U. S. Electricity Demand [J]. Energy Economics, 2006, 28(1):1-9.

[108] Zhang J, Wang G. Energy Saving Technologies and Productive Efficiency in the Chinese Iron and Steel Sector [J] . Energy, 2008 (33):525-537.

[109] Zhang Z. Macroeconomic Effects of CO_2 Emission Limits: A Computable General Equilibrium Analysis for China [J]. Journal of Policy Modeling, 1998, 20(2):213-250.

[110] Zou C, Penfold C, Sands R, et al. Effects of Soil Air-filled Porosity, Aoil Matric Potential and Soil Strength on Primary Root Growth of Radiate Pine Seedlings[J]. Plant and Soil, 2001, 236 (1):105-115.

[111] 阿兰·兰德尔.资源经济学—从经济角度对自然资源和环境的探讨[M].施以正译.北京:商务印书馆,1989.

[112] 柏振忠,成艾华.低碳世界对我国经济带来的影响研究[J].科技进步与对策,2010(22):17—20.

[113] 鲍健强,苗阳,陈锋.低碳经济:人类经济发展方式的新变革[J].中国工业经济,2008(4):1—3.

[114] 蔡林海. 低碳经济大格局[M]. 北京:经济科学出版社,2009.

[115] 陈达. 现代绿色物流管理及其策略研究[J]. 中国人口·资源与环境,2001 (11):111—113.

[116] 成思危. 新能源与低碳经济[J]. 管理评论,2010(6):4—8.

[117] 迟远英. 基于低碳经济视角的中国风电产业发展研究[D]. 吉林大学学位论文,2008:51—62.

[118] 崔兆杰,张凯. 循环经济理论与方法[M]. 北京:科学出版社,2008.

[119] 但智钢,段宁,于秀玲. 重点企业清洁生产推进的驱动因素分析[J]. 环境科学研究,2010(2): 242—247.

[120] 董千里,董展,关高峰. 低碳物流运作的理论与策略研究[J]. 科技进步与对策,2010(22):100—102.

[121] 杜婷婷,毛锋,罗锐. 中国经济增长与 CO_2 排放演化探析[J]. 中国人口·资源与环境,2007(2):94—99.

[122] 樊纲,苏铭,曹静. 最终消费与碳减排责任的经济学分析[J]. 经济研究,2010(1):4—14.

[123] 樊纲. 走向低碳发展:中国经济学家的建议[M]. 北京:中国经济出版社,2010.

[124] 樊纲. 走向低碳发展:中国与世界[M]. 北京:中国经济出版社,2010.

[125] 符淼. 我国环境库兹涅茨曲线:形态、拐点和影响因素[J]. 数量经济技术经济研究,2008(11):40—55.

[126] 付允,马永欢,刘怡君,等. 低碳经济的发展模式研究[J]. 中国人口·资源与环境,2008(3):14—19.

[127] 付允,汪云林,李丁. 低碳城市的发展路径研究[J]. 科学对社会的影响,2008 (2):5—10.

[128] 高鹏飞,陈文颖,何建坤. 中国的二氧化碳边际减排成本[J]. 清华大学学报(自然科学版),2004(9):1192—1195.

[129] 耿小庆,武淑萍,于宝琴,等. 循环物流系统中配送、回收成本优化模型研究[J]. 物流技术,2007(9):44—47.

[130] 龚建文. 低碳经济:中国的现实选择[J]. 江西社会科学,2009(7):27—33.

[131] 郭印，王敏洁. 国际低碳经济发展现状及趋势[J]. 生态经济，2009(11)：58—61.

[132] 国务院发展研究中心应对气候变化课题组. 当前发展低碳经济的重点与政策建议[J]. 中国发展观察，2009(8)：13—15.

[133] 何建坤. 发展低碳经济关键在于低碳技术创新[J]. 绿叶，2009(1)：46—50.

[134] 胡鞍钢. "绿猫"模式的新内涵——低碳经济[J]. 世界环境，2008(2)：26—28.

[135] 胡初枝，黄贤金，钟太洋，等. 中国碳排放特征及其动态演进分析[J]. 中国人口·资源与环境，2008(3)：38—42.

[136] 胡棕洋. 低碳经济与中国发展[J]. 科学对社会的影响，2008(1)：11—18.

[137] 贾小玫，冉净斐. 逆向物流的博弈分析[J]. 商业经济与管理，2005(2)：9—12.

[138] 姜克隽. 中国发展低碳经济的成本优势——2050年能源和排放情景分析[J]. 绿叶，2009(5)：11—19.

[139] 蒋国平，尤大鹏. 发达国家发展绿色物流的成功经验及启示[J]. 生态经济，2008(4)：102—104.

[140] 蒋满元. 现阶段城市物流绿色化发展趋势的动因与对策研究[J]. 环境科学管理，2006(9)：13—16.

[141] 金乐琴，刘瑞. 低碳经济与中国经济发展模型转型[J]. 经济问题探索，2009(1)：84—87.

[142] 莱切尔·卡逊. 寂静的春天[M]. 长春：吉林人民出版社，1997.

[143] 莱斯特·R. 布朗. B模式：拯救地球延续文明[M]. 暴永宁，林自新译. 北京：东方出版社，2003.

[144] 莱斯特·R. 布朗. 建设一个可持续发展的社会[M]. 北京：科学技术文献出版社，1984.

[145] 莱斯特·R. 布朗. 生态经济：有利于地球的经济构想[M]. 北京：东方出版社，2002.

[146] 莱斯特·R. 布朗. 生态经济革命拯救地球和经济的五大步骤[M]. 台北：扬智文化事业股份有限公司，1999.

[147] 李爱彬,周敏,卞丽丽.企业实施绿色物流的政府激励与监督机制设计[J].生态经济,2009(3):99—102.

[148] 李本辉.绿色壁垒下国内企业绿色物流管理方案研究[J].改革与战略,2009 (7):58—61.

[149] 李国志,李宗植.中国二氧化碳排放的区域差异和影响因素研究[J].中国人口·资源与环境,2010(5):22—27.

[150] 李建建,马晓飞.中国步入低碳经济时代——探索中国特色的低碳之路 [J].广东社会科学,2009(6):43—39.

[151] 李俊峰,马玲娟.低碳经济是规制世界发展格局的新规则[J].世界环境,2008 (2):17—20.

[152] 李胜,陈晓春.低碳经济:内涵体系与政策创新[J].科学管理研究,2009(10):41—43.

[153] 李时兴.偏好、技术与环境库兹涅茨曲线[J].中南财经政法大学学报,2012(1):31—38.

[154] 李益强.面向产品全生命周期的企业绿色物流研究[J].西安电子科技大学学报(社会科学版),2001(4):38—41.

[155] 李玉梅.我国绿色物流发展现状及策略之研究[J].物流经济,2007(45):34—35.

[156] 林毓铭.发展低碳经济与应对地球灾难[J].科技进步与对策,2010(22):21—25.

[157] 刘传江,冯碧梅.低碳经济对武汉城市圈建设"两型社会"的启示[J].中国人口·资源与环境,2009(5):16—21.

[158] 刘春宇.从环境角度谈绿色物流体系的构建[J].经济体制改革,2005(2):12—14.

[159] 刘冬林.绿色物流的制度研究[D].武汉理工大学学位论文,2010:46—81.

[160] 刘和东.中国物流管理的非绿色因素分析[J].现代管理科学,2006(10):66—67.

[161] 刘辉.我国绿色物流发展状况及其路径初探[J].物流科技,2005(6):4—6.

[162] 刘解龙,王思思,刘丹侠.后危机时代:低碳经济与企业竞争力

[M]. 北京:中国商业出版社,2010:11—15.

[163] 刘荣港,陈学中,王成波,等. 绿色物流发展的外部性研究分析[J]. 物流工程与管理,2011(3):7—10.

[164] 刘再起,陈春. 低碳经济与产业结构调整研究[J]. 经济学研究,2009(10): 21—27.

[165] 马燕. 供应链绿色物流管理策略[J]. 生态经济,2005(2):22—24.

[166] 梅多斯. 增长的极限[M]. 北京:商务印书馆,1984.

[167] 马友华,王桂苓. 低碳经济与农业可持续发展[J]. 生态环境,2009(6):116—118.

[168] 慕庆国. 物流与环境的研究[J]. 物流技术,2005(10):15—16.

[169] 牛叔文,丁永霞,李怡欣,等. 能源消耗、经济增长和碳排放之间的关联分析——基于亚太八国面板数据的实证研究[J]. 中国软科学,2010(5):12—19.

[170] 潘家华. 怎样发展中国的低碳经济[J]. 绿叶,2009(5):20—27.

[171] 漆雁斌,毛婷婷,殷凌霄. 能源紧张情况下的低碳农业发展问题分析[J]. 农业技术经济,2010(3): 106—115.

[172] 齐晔. 从实际出发,走中国低碳化道路[J]. 绿叶,2009(1):10—14.

[173] 任卫峰. 低碳经济与环境金融创新[J]. 上海经济研究,2008(3):83—87.

[174] 上官绪明. 基于循环经济的绿色物流系统架构研究[J]. 生态经济,2009 (12):92—95.

[175] 施国洪,熊成,刘晖,等. 基于产品生命周期的企业绿色物流系统模式研究[J]. 现代物流,2006(10):34—37.

[176] 石敏俊,周晟吕. 低碳技术发展对中国实现减排目标的作用[J]. 管理评论,2010(6):48—53.

[177] 世界环境与发展委员会. 我们共同的未来[M]. 长春:吉林人民出版社,1997.

[178] 宋德勇,卢忠宝. 我国发展低碳经济的政策工具创新[J]. 华中科技大学学报(社会科学版),2009(3):85—91.

[179] 宋歌,郑凌云. 浅谈发展绿色物流的必要性与战略对策[J]. 生态经济,2003(10):38—41.

[180] 宋华. 绿色物流——21 世纪物流管理的方向[J]. 物流技术,2001(1):41—43.

[181] 苏瑾,赢余. 低碳经济的成长[J]. 世界环境,2007(4):32—34.

[182] 孙峰华,马建生. 物流发展与环境安全问题的规范分析[J]. 物流技术,2004(11): 28—30.

[183] 孙淑英,杨晓庄. 循环经济模式下发展我国绿色物流的研究[J]. 现代物流,2007(5):55—57.

[184] 孙佑海,丁敏. 依法促进低碳经济的快速发展[J]. 世界环境,2008(2):29—30.

[185] 谭丹,黄贤金,胡初枝. 我国工业行业的产业升级与碳排放关系分析[J]. 环境经济,2008(4):56—60.

[186] 唐建荣,张荣荣. 我国发展低碳经济的可能路径[J]. 科技进步与对策,2010(2): 30—32.

[187] 唐建荣. 生态经济学[M]. 北京: 化学工业出版社,2005.

[188] 万维巍,杨玲玲. 基于电子商务的绿色物流发展与实施研究[J]. 商业经济,2005(3):11—13.

[189] 王长琼. 绿色物流[M]. 北京:化学工业出版社,2004.

[190] 王长琼. 绿色物流产生的背景及发展对策初探[J]. 物流技术,2002(6):39—40.

[191] 王长琼. 面向可持续发展的绿色物流管理[J]. 科技进步与对策,2002(2): 23—25.

[192] 王长琼. 物流与环境之间的双向制约机制研究[J]. 武汉理工大学学报,2003(2):7—9.

[193] 王卉彤,王妙平. 中国 30 省区碳排放时空格局及其影响因素的灰色关联度分析[J]. 中国人口·资源与环境,2011(7):140—145.

[194] 王简,柯剑,熊慧. 绿色物流的环境绩效评估[J]. 北京工商大学学报(社会科学版),2007(6):91—94.

[195] 王文军. 低碳经济的概念及发展模式研究[J]. 科学·经济·社会,2010(2):69—77.

[196] 王文君. 低碳经济发展的技术经济范式与路径思考[J]. 云南社会科学,2009(4):114—117.

[197] 王小鲁，樊纲，刘鹏. 中国经济增长方式转换和增长的可持续性[J]. 经济研究，2009(1)：4—16.
[198] 王宇露，江华. 企业环境行为研究理论脉络与演进逻辑探析[J]外国经济与管理，2012(8)：26—34.
[199] 王之泰. 从"黑大陆"到"灰大陆"—王之泰物流研究 30 年轨迹[M]. 重庆：重庆大学出版社，2009.
[200] 威利·查米迪斯. 清洁农业和林作物在低碳经济中的作用[M]. 林而达等译. 北京：科学出版社，2009.
[201] 魏一鸣，刘兰翠，范英，等. 中国能源报告(2008)：碳排放研究[M]. 北京：科学出版社，2008.
[202] 夏春玉，李健生. 绿色物流[M]. 北京：中国物资出版社，2005.
[203] 向盛斌. 逆向物流与环境保护[J]. 物流技术，2001(1)：44.
[204] 熊焰. 低碳之路：重新定义世界和我们的生活[M]. 北京：中国经济出版社，2010.
[205] 徐国泉，刘则渊，姜照华. 中国碳排放的因素分解模型及实证分析：1995—2004[J]. 中国人口·资源与环境，2006(6)：158—161.
[206] 徐霄红. 循环经济与绿色物流统计指标体系的构建[J]. 浙江统计，2005(8)：27—29.
[207] 杨东宁，周长辉. 企业自愿采用标准化环境管理体系的驱动力：理论框架及实证研究[J]. 管理世界，2005(2)：85—107.
[208] 杨国川. 我国绿色物流发展中的制约因素及对策[J]. 商业经济与管理，2010(2)：18—23.
[209] 杨利勤. 发展我国绿色物流的具体路径研究[D]. 西安：长安大学，2008：33—39.
[210] 姚卫新. 再制造条件下逆向物流回收模式的研究[J]. 管理科学，2004(1)：76—80.
[211] 于成学，覃毅延. 资源、环境约束下的工业企业经济效益增长新模式——绿色物流一体化管理[J]. 生态经济，2008(11)：110—113.
[212] 于成学. 工业企业绿色物流一体化管理研究[D]. 大连理工大学学位论文，2006：115—117.
[213] 于成学. 基于和谐社会的企业绿色物流管理实证研究[J]. 中国软

科学,2008(3):122—127.
[214] 于佳.发展我国绿色物流的战略措施研究[D].长安大学学位论文,2006:31—40.
[215] 曾国平,谢庆红.绿色物流:未来中国物流业的发展主流[J].经济师,2003(5):49.
[216] 张爱军,李晓丹.我国发展低碳经济的政策选择 [J].宏观经济管理,2010(1):55—56.
[217] 张坤民,潘家华,崔大鹏.低碳经济论[M].北京:中国环境科学出版社,2008.
[218] 张坤民.低碳发展论[M].北京:中国环境科学出版社,2009.
[219] 张坤民.低碳世界中的中国:地位、挑战与战略[J].中国人口·资源与环境,2008(3):1—7.
[220] 张坤民.关于中国可持续发展的政策与行动[M].北京:中国环境科学出版社,2004.
[221] 张雷.经济发展对碳排放的影响[J].地理学报,2003(4):629—637.
[222] 张丕景.物流减量化问题研究[D].泰安:山东农业大学,2007:70—74.
[223] 张沈青.我国绿色物流发展中存在的问题及对策探究[J].当代经济研究,2006(10):69—71.
[224] 赵一平,孙启宏,段宁.中国经济发展与能源消费响应关系研究[J].科研管理,2006(3):128—134.
[225] 赵奕凌.我国绿色物流发展滞后性的经济学分析及对策 [J].物流工程与管理,2010(1):14—16.
[226] 赵云君,文启湘.环境库兹涅茨曲线及其在我国的修正[J].经济学家,2004 (5):69—75.
[227] 赵卓,肖利平.发展低碳经济的技术创新瓶颈与对策[J].中国科技论坛,2010(6): 41—46.
[228] 郑国诜.基于绿色物流的工业生态化发展模式初探[J].石家庄经济学院学报,2010(2):64—67.
[229] 中国环境与发展国际合作委员会.低碳经济和中国能源与环境政

策研讨会会议概要[Z].内部材料,2007,5.

[230] 中国科学院可持续发展战略研究组.2009中国可持续发展战略报告——探索中国特色的低碳道路[M].北京:科学出版社,2009.

[231] 中国人民大学气候变化与低碳经济研究所.低碳经济——中国用行动告诉哥本哈根[M].北京:石油工业出版社,2010.

[232] 中国现代化战略研究所,中国科学院中国现代化研究中心.中国现代化报告2007年—生态现代化研究[M].北京:北京大学出版社,2007.

[233] 周常春,袁茜,车震宇.低碳旅游与旅游碳足迹探讨[J].未来与发展,2011(8):39—42.

[234] 周进宏.推进绿色物流,提升物流企业竞争力[J].物流科技,2007(9):122—124.

[235] 周启蕾.现代物流业形成发展机理与推进策略研究[D].武汉理工大学学位论文,2007:120—124.

[236] 庄贵阳.低碳经济:气候变化背景下中国的发展之路[M].北京:气象出版社,2007.

[237] 庄贵阳.中国发展低碳经济的困难与障碍分析[J].江西社会科学,2009(7):20—26.

[238] 庄贵阳.中国经济低碳发展的途径与潜力分析[J].国际技术经济研究,2005(3):79—87.

[239] 2050中国能源和碳排放研究课题组.2050中国能源和碳排放报告[M].北京:科学出版社,2009.

索 引

X

Y

Z

图书在版编目(CIP)数据

物流服务低碳化运营机制研究/段向云著. —杭州：浙江大学出版社，2014.6
ISBN 978-7-308-13373-9

Ⅰ.①物… Ⅱ.①段… Ⅲ.①物流—物资管理—研究 Ⅳ.①F252

中国版本图书馆 CIP 数据核字(2014)第 129558 号

物流服务低碳化运营机制研究

段向云 著

丛书策划
责任编辑 吴伟伟 weiweiwu@zju.edu.cn
文字编辑 刘姗姗
封面设计 木 夕
出版发行 浙江大学出版社
(杭州市天目山路 148 号 邮政编码 310007)
(网址：http://www.zjupress.com)
排 版 浙江时代出版服务有限公司
印 刷 杭州日报报业集团盛元印务有限公司
开 本 710mm×1000mm 1/16
印 张 12.25
字 数 200 千
版 印 次 2014 年 6 月第 1 版 2014 年 6 月第 1 次印刷
书 号 ISBN 978-7-308-13373-9
定 价 38.00 元

浙江大学出版社发行部联系方式 (0571)88925591;http://zjdxcbs.tmall.com